AF220287

Gletscherfluss

Ruhender Fels im Strom

Zwei im Sarek

Wandern unter
der Mitternachtssonne

Eine Wanderung im **Sarek Nationalpark**
in Schwedisch-Lappland
Sommer 2003

von

Klaus Heyne

Hinweise zu dieser Auflage

Der Text wurde komplett überarbeitet und dabei wurden hoffentlich auch die letzten Tippfehler beseitigt.

Die topographischen Kartenausschnitte sind allesamt neu.

Es gibt jetzt einen Anhang mit praxiserprobten Tipps für Neueinsteiger in das Wandergeschehen.

Darüber hinaus findet sich am Ende des Buches ein Register, das das schnelle Auffinden von Ortsnamen im Text erleichtert.

Die im Text verwendeten topographischen Namen wurden an die in den letzten Jahren veränderte Scheibweise wie sie nunmehr in den Neuauflagen der Wanderkarte BD10 zu lesen ist, angepasst: (Beispiel | vorher: Akkajaure → jetzt: Áhkajávrre).

Zu guter Letzt: Zur deutlichen Abgrenzung zu den vorherigen Auflagen ist auch das Cover ausgetauscht worden.

Copyright © 2021 Klaus Heyne
Herstellung und Verlag:
BoD - Books on Demand, Norderstedt

ISBN 9783753403229

Zwei im Sarek

Ich bin ein Geschöpf des windigen Berges
ein Krüppel nur im Zwergbirkenhain,
bin biegsam geworden wie der Wind
und joike meinen Schmerz
joike meinen Kummer!

Ich bin ein Blaukehlchen im Gesträuch
bimmelnde Rentierglocke.
Bin ein entfernter, sich verflüchtigender Ruf
Gesetze vergehen
wie der gestrige Tag

Meine Jahre: nur Tag und Nacht
des Frühlings Klarheit mein Pelz
und die Nordlichter am Himmel
der frostigen Polarnacht
mein Mantel

Auch wenn der eisige Herbstwind
Unheil verkündet
strahlt der Sonne goldene Brosche
im klaren Himmelsblau

Nicht nach Macht und Reichtum
ging mein Streben und Verlangen
mein Reichtum sind
des Berges Flüstern
des Baches
silberner Lendengürtel

Ich bin des steinigen Berges Kind
ein Wanderer, geschaukelt vom Wind
ich bin zersplittert
das Leben gab mir
Schmerz
streichelte mich mit Schmerz

Zwei im Sarek

Ich sehe wie die Klugen
des allgemeinen Rechts
Stück um Stück von mir abnagen
mich fressen

Land, Luft und Wasser
verderben
vernichten

Ich bin des windigen Berges Kind
gebeugt vom Norden, ein Unglückseliger
ich bin scheu und flüchtig
ein kraftloser Wind
ich joike stumm
betrachte nur

Nils-Aslak Valkeapää

Jens und ich zu Beginn und nach der Hälfte der Tour

Zwei im Sarek

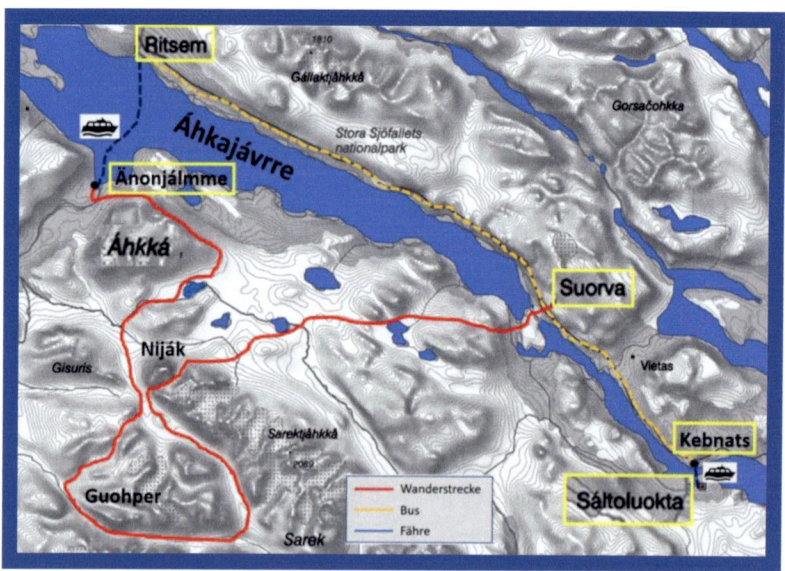

Die *rote* Linie im Gebirge stellt die Wanderroute dar;
gelb ist die Straße von Rijtjem (Ritsem) nach Gäbnásj (Kebnats);
blau sind die Fährstrecken (Ánonjálmme – Rijtjem, Gäbnásj – Sáltoluokta).

Zwei im Sarek

„Wer einmal in Lappland gewandert, ist seinem Zauber verfallen. Er kann den Bann nur brechen durch seine Wiederkehr."

(Dietrich B. Sasse)

Kameramann Dietrich B. Sasse wanderte monatelang in Lappland und lebte lange Zeit unter den Samen, den lappländischen Ureinwohnern. Dieser von ihm in den 1950er Jahren geprägte Satz ist nur zu wahr.

Bereits bei meiner ersten Berührung mit Skandinavien im September 1981 (Hüttenurlaub am zu diesem Zeitpunkt schon touristenleeren Nordfjord in Norwegen) hat sich eine Sehnsucht in mein Unterbewusstsein gepflanzt, die mich nie mehr verlassen hat.
Seitdem zieht es mich immer wieder in den Hohen Norden, vorzugsweise nach Lappland, um dort zu wandern und die weitläufige Natur zu genießen.
Lappland, diese einzigartige Region im Hohen Norden, ist in seiner Weitläufigkeit und Menschenleere einzigartig in Europa. Lappland ist dabei keine Nation im üblichen Sinne, sondern erstreckt sich über die nördlichen Teile der Staatsgebiete Norwegens, Schwedens, Finnlands und Teilen Russlands.
Lappland umfasst im engeren Sinne nur die schwedische Landschaft (landskap) Lappland (bis 1634 eine Verwaltungsprovinz) und Finnlands nördlichste Provinz Lappland (Lapin lääni). Auch aus norwegischer Sicht werden nur genau diese beiden Provinzen als Lappland aufgefasst. Dies ist auch historisch bedingt, da Finnland bis 1809 zum Königreich Schweden gehörte und somit auch das heutige finnische Lappland. In Norwegen leben die meisten Samen in der Finnmark (auch wenn einige Gebiete Norwegens ebenfalls früher zu Schweden gehörten). Auch für die russische Kola-Halbinsel ist es nicht üblich, den Begriff Lappland zu verwenden.

Diesen geografischen Spitzfindigkeiten zum Trotz ist für mich der gesamte nördliche Gürtel bis etwas unterhalb des Polarkreises quer über Skandinavien „gefühltes" Lappland.

Sápmi, das Gebiet der Lappländer, die sich selbst Samen nennen, was soviel wie „Moor- oder Sumpfleute" bedeutet, reicht von der Nordspitze Skandinaviens bis zur Gemeinde Idre in der Provinz Dalarna im Süden Schwedens (s. rote Fläche in der Abbildung).

Der veraltete Begriff „Lappe" wird von vielen Samen als herabsetzend angesehen, obwohl er vermutlich samischen Ursprungs ist und dort als

Ausdruck für die Tätigkeit eines Rentierhirten verwendet wurde. Im Laufe der Zeit bekam das Wort jedoch einen negativen Beigeschmack, je nachdem, wer es verwendete und in welchem Tonfall es ausgesprochen wurde.

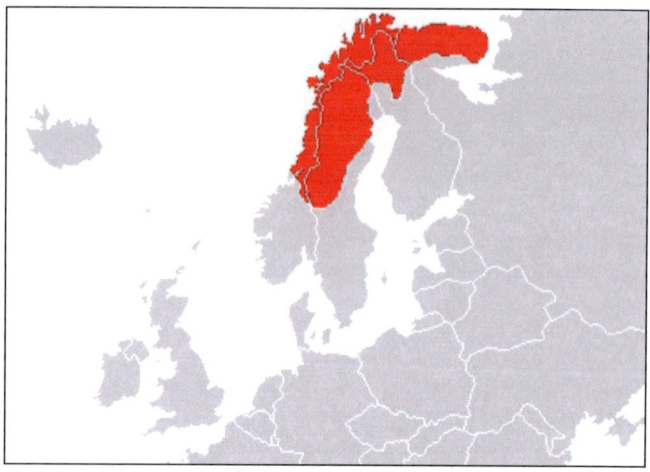

Siedlungsraum der Samen

Anderen Erkenntnissen zufolge leitet sich der Ursprung des Begriffs „Lappe" aus dem schwedischen Wort "lappar" (= Lumpen, Flicken) ab. Dies ist besonders für die heutigen Angehörigen dieses indigenen Volkes eine wenig schmeichelhafte, sondern eher beleidigende Bezeichnung, die aus einer Zeit stammt, als ihre Vorfahren in ihrer Bekleidung aus zusammengenähten Rentierfellen auf die ersten Händler, Siedler, Missionare und Forschungsreisenden aus dem Süden tatsächlich einen entsprechenden Eindruck machten.

10.000 Jahre alte Funde von Feuerplätzen und Pfeilspitzen und 6000 Jahre alte Felszeichnungen im nordnorwegischen Alta liefern Beweise dafür, dass schon seit der Jungsteinzeit Menschen als Jäger, Sammler und Fischer in großen Teilen Nordskandinaviens lebten.
Die erste bekannte Nachricht über das Nordvolk stammt von Tacitus, der sie 98 n. Chr. als „Fenni" bezeichnete.
Regelmäßige Kontakte zu den Samen sind für die norwegischen Wikinger seit dem 9. Jahrhundert belegt. Sie ließen sich an den nördlichen Küsten nieder, hielten dort Herden zahmer Rentiere und erhoben Steuern von den Ureinwohnern. Tierhäute und Felle tauschte man z. B. gegen Salz, Edelmetalle oder Metallklingen ein.

Der Beginn der Rentier-Domestikation in Nordeuropa wird in die Zeit zwischen 1800 bis 900 v. Chr. datiert.

Im Laufe des Mittelalters begannen die damaligen nordeuropäischen Staaten Dänemark-Norwegen, Schweden-Finnland und Russland mit der Unterwerfung der Samen. Sie teilten das Samenland in Handelsdistrikte ein, die „Lappmarken" genannt wurden und die viele Jahrhunderte Gültigkeit besaßen.

Zu Beginn des 16. Jahrhunderts wurden drei verschiedene Gruppen von Samen unterschieden: Die <u>Bauern-Samen</u> in den südlichen Gebieten Norwegens nach Norden bis nach Süd-Troms, die meist Landwirtschaft betrieben; die <u>See-Samen</u>, die nördlich und östlich davon lebten, sesshaft waren und vom Fischfang und der Jagd lebten; und die <u>Samen in den Bergen</u> und in der Finnmarksvidda („Fjällsamen") Sie waren bis dahin ein nomadisch lebendes Jägervolk, das vor allem von der Jagd auf das Wildren lebte (heute gibt es in ganz Sápmi keine Wildrene mehr). Gezähmte Rentiere wurden zu dieser Zeit vorwiegend als Last- und Zugtiere verwendet, wenngleich es vermutlich bereits Herden zahmer Rene gab. Doch erst die Verpflichtung zur Zahlung hoher Abgaben und die Leistung verschiedener Zwangsdienste für die fremden Landesherren führten zur Ausweitung der Rentierhaltung als hauptsächliche Lebensgrundlage.

Wurden die Ureinwohner Lapplands vorher als primitives Volk von Magiern mit niedriger Moral geschildert, wandelte sich das Bild in den Städten durch die Lapplandreise des schwedischen Naturforschers Carl von Linné im Jahre 1732, der sie als unschuldiges Naturvolk darstellte, das ein Opfer der Unterdrückung durch die Zivilisation geworden war.

Im 19. und beginnenden 20. Jahrhundert verschlechterten sich die Lebensbedingungen der Samen durch gesellschaftliche „Ächtung" kontinuierlich und sie blieben noch lange eine unterdrückte Minderheit. Selbst in den frühen Jahren des 21. Jahrhunderts werden immer noch Staatsverträge z.B. über die Verwertung von Bodenschätzen ohne Beteiligung der Samen geschlossen.

Die Samen sind heute eine „Minderheit im eigenen Land". Auf ganz Sápmi bezogen sind nur 4 von 100 Einwohnern Samen.

***

In diesem Jahr, 2003, will ich mit meinem Freund Jens zum zweiten Mal im schwedischen **SAREK-Nationalpark** wandern. Anders als in den übrigen Regionen Schwedens (auch Lapplands) versucht der STF (=**S**venska **T**urist**F**örenigen, d.i. der schwedische Wanderverein mit Sitz in Stockholm) den SAREK, der als die (noch) ursprünglichste Region in Nordeuropa gilt, als ebensolche zu erhalten.

Üblicherweise legt der STF Wanderwege an (z.b. Kungsleden) und errichtet in den nicht besiedelten Gebieten Hütten und *fjällstationer* (Bergstationen), in denen Wanderer übernachten und sich versorgen können. Insbesondere die *fjällstationer* haben sich zu touristischen Zentren entwickelt, von denen aus Tagesausflüge oder größere Touren gestartet werden können. Die Gebirgs- und Wanderhütten bieten einfache Unterkunft und sind mit Alpenvereinshütten in den Alpen vergleichbar.

Das alles gibt es im Sarek nicht. Es gibt keinerlei der oben beschriebenen Erleichterungen für den Wanderer, abgesehen von getretenen Pfaden dort, wo der Boden weich genug dafür ist.

In dem Park gibt es keine Unterkünfte, keine **gewarteten** Wege und nur wenige Brücken, z.b. im Zentrum des Parks bei Skárjá über den Smaijlajjåhkå oder über den Gletscherfluss Guhkesvåkkjåhkå. Der Sarek ist das regenreichste Gebiet Schwedens; darauf muss man bei Wanderungen eingestellt sein. Die größte Gefahr besteht im Frühjahr/Sommer im Durchwaten reißender Bäche. Die höchsten Berge sind um 2000 m hoch.

Ansonsten bleibt dem Sarek-Wanderer nichts anderes übrig, als sich mit Proviant komplett selbst zu versorgen.

Für eine Durchquerung des Parks muss man mit einer Mindestverweildauer von etwa 7 Tagen rechnen. Allein für Proviant galt lange die Faustformel: 1kg pro Mann und Tag. Die Verfügbarkeit neuartiger dehydrierter Marschverpflegung macht hier m.E. eine Aktualisierung notwendig. Heutzutage schätze ich den Lebensmittelbedarf auf etwa 600 g pro Mann und Tag. Das macht rechnerisch bei 2 Leuten gut 8 kg für eine Woche oder gar 24 kg bei einer – wie auch von uns - geplanten Wanderzeit von 20 Tagen.

Dazu kommt dann die eigentliche Ausrüstung wie Zelt, Schlafsack, Isomatte, Kocher, Spiritus, Ersatzkleidung und all die Kleinigkeiten, die man so braucht.

Wenn man nicht permanent Hungergefühle verspüren möchte, weil die Tagesrationen wegen sparsamer Verproviantierung so winzig ausfallen, kommt man bei 20 Marschtagen nicht unter 30 bis 35 kg Gepäck pro Nase weg. Und wenn man dann noch fotografieren möchte.....

Die Schlepperei ist eine der Unbilden einer solchen Reise – neben Regen im Gesicht und in der Unterwäsche, kräftezehrenden Geröllfeldern, schweißtreibenden Aufstiegen, und eiskalten Watstellen.

Allerdings werden alle Unannehmlichkeiten mehrfach aufgewogen durch das Erlebnis weiträumiger Natur, das Besinnen auf die „wirklich wichtigen Dinge" (in diesen 3 Wochen) wie Essen, Trinken, Unterkunft.

IN der Natur zu leben – den Wind in den Haaren und auf der Haut zu spüren, wechselnde Bodenbeschaffenheiten zu erleiden, Wasser aus Flüssen trinken, in eiskalten Seen baden, unbeschreibliche Panoramen bewundern, blutrünstige Mücken erschlagen....
...und bei allem das Wunder der Mitternachtssonne genießen dürfen und das Gefühl zu haben, einen einzigen langen Tag zu erleben:

Die geplante Route umfasst ca. 120 km (s. auch Skizze auf Seite 6). Dabei wird eine durchschnittliche Tagesleistung von etwa 10 km zugrunde gelegt. Das ist nicht viel, aber es soll ja auch ein Urlaub werden.

In den letzten Tagen dachte und dachte ich an des Nordlandsommers ewigen Tag.

Knut Hamsun

Typischer Steinmann als Wegmarkierung

19./20. Juni - Anreise

Die Anreise per Eisenbahn steht bevor. Dagmar, die beste Ehefrau von allen, und Niklas, mein fantastischer 8-jähriger Sohn, bringen uns zum Bahnhof. Wie bei früheren Touren ist schon die Strecke vom Auto bis zum Gleis eine echte Tortur. Das volle Marschgepäck drückt schon jetzt mächtig aufs Kreuz.

Die wahre Herausforderung kommt bei jedem Umsteigen, wenn der über alle Maßen schwere Rucksack durch die engen Gänge geschleppt werden muss: auch Hamburg, Kopenhagen, Malmö, Stockholm und Boden werden uns bei diesen zermürbenden Aktionen sehen.

Dafür sind die Anschlüsse von einem Zug zum anderen gut. In der Regel warten wir maximal nur 15-20 Minuten auf die Weiterfahrt.

Noch ein letztes Umsteigen in Váhtjer Jellivaara (Gällivare), Lappland, schon deutlich über dem Polarkreis - dieses Mal in den Bus, der entlang des großen Stausees Áhkajávrre (Akkajaure) fährt und uns am Staudamm in Suorvvá (Suorva) ablädt.

Dieser Damm zur Stromgewinnung hat eines der schönsten Naturschauspiele in Lappland zerstört, den Wasserfall Stora Sjöfallet (Stuor Muorkke) – den *großen, schönen Fall*.

Ursprünglich wollten wir die Wanderung in Rijtjem (Ritsem), am westlichen Ende des Áhkajávrre, beginnen (s. Karte auf Seite 6). Leider mussten wir den Plan ändern, weil der Fährbetrieb in Rijtjem, das etwa 60 Km hinter Suorvvá liegt, erst am kommenden Montag beginnt.

Unsere veränderte Route führt uns nunmehr über den Suorvvá-Damm in den Stora Sjöfallet Nationalpark. Von hier aus wollen wir querfeldein starten, um später auf die ursprünglich geplante Route zu stoßen.

Nachdem der Busfahrer uns – seine einzigen Fahrgäste – hat aussteigen lassen, schultern wir die Gepäckcontainer und folgen zunächst einer Schotterpiste durch die scheinbar noch immer existierende Staudamm-Baustelle. Drei gelbe Schilder klären uns in schwedisch, englisch und deutsch jeweils darüber auf, dass hier auch Sprengarbeiten durchgeführt werden. Wir lernen, dass nach kurzem Signalton gezündet wird und nach langem Ton die Sprengung beendet ist.

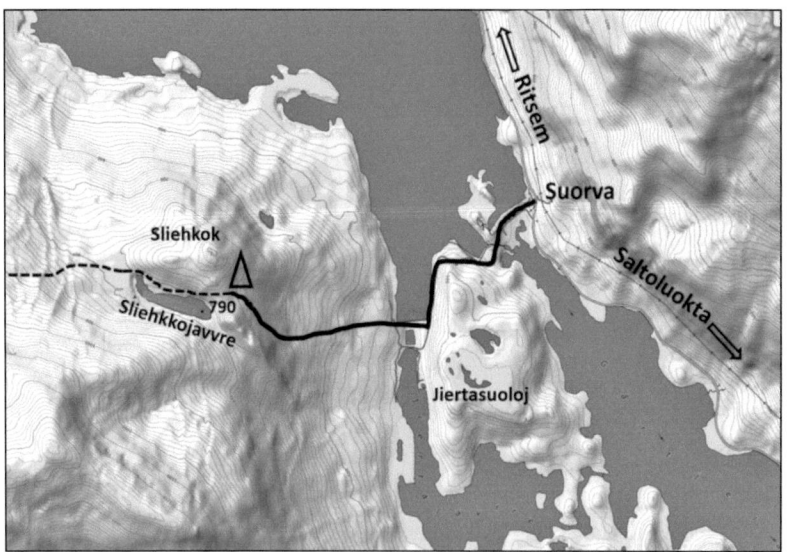

1. Etappe: *Suorvvá – unterhalb Sliehkok*
ca. 4 km; von 419 auf ca. 700 m

Heute ist *Midsommarafton*, der Mittsommerabend, und die Baustelle menschenleer – genau wie Váhtjer Jellivaara (Gällivare), wo in jedem Geschäft ein Zettel mit der Aufschrift: „Midsommarafton stängt" (stängt=geschlossen) hing. Also droht uns heute keine Gefahr. Ganz Schweden wird die Sommersonnenwende feiern; und hier im Norden sowieso und intensiv dazu.

Bis zum jenseitigen Ufer gehen wir ca. 2,5 km über diese Piste. Während dessen beschließen wir, schon mal bis auf den nächsten Bergsattel zu gehen, um dort einen guten Zeltplatz zu finden und ein gutes Stück an Höhe zu gewinnen. Dazu sind gut 300 Höhenmeter zu überwinden.

Wir entscheiden uns für eine Route, die nicht durch den Waldgürtel führt, sondern drum herum. Die Bodenbeschaffenheit ist eigentlich prima. Weicher Boden durch niedrige Pflanzenteppiche, durchbrochen von flächigen Felsen, auf dem es sich auch gut gehen lässt.

Nach diesen ersten 2,5 km fast ebener Strecke ist bei mir nach den ersten Minuten bergauf schlagartig die Luft raus. Der Rucksack ist in der Tat so schwer wie nie und sorgt dafür, dass mein Gluteus maximus und der Beinbizeps jedes Mal nach nur einigen wenigen Schritten total nachgeben und schmerzen.

Erster Zeltplatz in der freien Natur

Ich kämpfe mich Meter für Meter bergan. Bis zum Sattel schaffe ich es heute bestimmt nicht mehr. Und dann diese Mücken, die uns umschwärmen. Wir einigen uns auf einen herausragenden Buckel als Ziel, von dem wir hoffen, dass die Mücken ihn nicht kennen, um dort das Zelt für die erste „Nacht" auf lappländischen Boden aufzuschlagen. Die letzten Meter verlangen mir für heute alles ab.

Das wunderschöne Bild eines Regenbogens quasi direkt vor unserer Nase, kann nicht alles aufwiegen. Noch ein paar Schritte bis auf den angepeilten Buckel und ich werfe den vermaledeiten Sack stöhnend von mir.

Der Platz ist gut. In der Nähe gibt es einen kleinen Bach, der uns mit Wasser versorgt. Zum Abendessen bereiten wir ein fettes Bauernfrühstück, das tatsächlich satt macht.

Damit haben wir die erste Etappe nach knapp 4 km fertig!

Etappe	Strecke km	Meter auf + ab	Start Level	Ende Level	Gipfel, Flüsse, Seen am Wegesrand
1	4	281	419	700	Staudamm Suorvvá Sliehkok (880 m)
Kumulierte Werte	4	281			

Zwei im Sarek

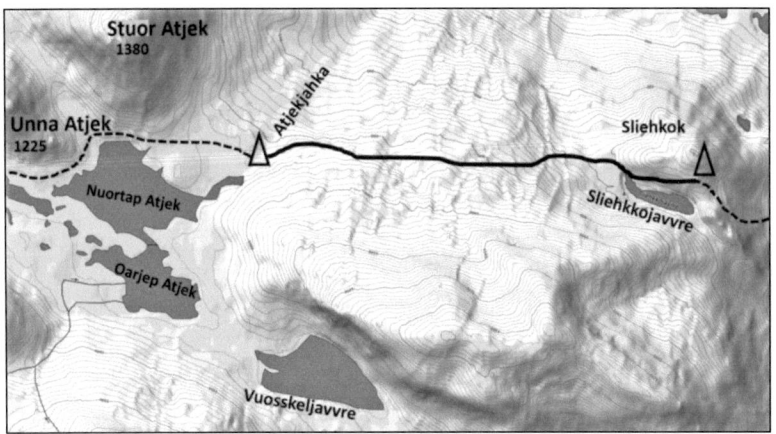

2. Etappe: Sliehkok - Atjijåhkå
ca. 5 km; von 700 m auf ca. 950 m

Dieser Rucksack ist zu schwer! Ich habe meine Grenze in dieser Hinsicht gefunden. Startgewicht ist die Differenz zwischen meinem Körpergewicht (75 kg) und der Anzeige auf der Personenwaage, die ich zu Hause voll ausgerüstet bestiegen hatte (118 kg).

Wider Erwarten klappt es beiden restlichen 200 der gestern begonnenen 300 Höhenmeter wesentlich besser als gestern. Immer noch mordsanstrengend, aber insgesamt sehr viel erträglicher. Der Mensch gewöhnt sich. Das nachfolgende Stück Weg ist relativ gut zu begehen. Meistenteils gehen wir wieder über weichen Boden, der hier von knöchelhohem Wacholder, dürrem Gras und Moosen bedeckt ist. Sumpfig feuchte Stellen und vereinzelte Felsen wechseln sich regelmäßig ab. Doch auch auf den fast ebenen Teilstrecken sind alle naselang kurze Gehpausen notwendig, um die Rucksackgurte neu festzuzurren und den hauptsächlich belasteten Körperpartien Hüftknochen und Nacken eine kurze Erholung zu gönnen.

Die selbstgewählte Route, die wir uns nur auf der Karte ausgeguckt haben, konnten wir bis jetzt dank des guten Kartenmaterials (und unserer untrüglichen Orientierungsfähigkeit) sehr gut realisieren. Was aus der Karte (*Nya Fjällkartan Blatt BD10; 1:100.000*) leider nicht hervorgeht, ist die Beschaffenheit des Geländes. So überrascht uns die Natur in der zweiten Weghälfte des heutigen Tages mit so mancherlei Geröllfeldern, die durchquert werden müssen. Die kosten eine Menge

Kraft. Darüber hinaus arbeitet die Schwerkraft immens gegen uns. Besonders ich bekomme es stark zu spüren. Nach jeder der oben beschriebenen Gehpausen zurre ich meinen Hüftgurt so fest es nur geht. Doch sobald ich mich aufrichte, merke ich, wie der tonnenschwere Rucksack sofort wieder etwas tiefer abrutscht und eine suboptimale Position einnimmt. Das hat zur Folge, dass der Gurt auf meinen Hüftknochen scheuert, was auf Dauer immer schmerzhafter wird. Zusätzlich wird mein Gluteus durch die Geröllfelder stark beansprucht, d.h. der Arsch tut mir weh bei jedem höheren Schritt.

Typisches, kräftezehrendes Geröll

Nach dem letzten durchstolperten Geröllfeld legen wir eine längere Pause ein und ermorden spontan eine halbe Salami.

Frischer Wind bläst hier, vor dem wir kaum Deckung finden. Um uns herum gibt es nur Trümmer. Kein Zelten möglich. Also müssen wir weiter bergab bis zu dem Fluss, den wir von hier oben sehen können.

Beim Aufsetzen des Rucksacks spüre ich meine Hüftknochen wie nie zuvor. Da muss ich mir morgen etwas einfallen lassen, sonst halte ich keine 2 Tage mehr durch.

Glücklicherweise dauert es keine halbe Stunde bis wir den Fluss Atjijåhkå erreichen. Wir finden einen malerischen Platz direkt am Canyon, der noch mit dicken Schneewänden behaftet ist. Weiter flussaufwärts ist ein kleiner See, ein kleines Anhängsel des weitaus größeren Sees Nuortap Adtji, an dem wir morgen vorbeigehen werden.

Der Zeltaufbau ist Routine. Zelt aus dem Sack schütteln, Heringe bereitlegen, die Fiberglasstangen zusammenstecken und bereitlegen. Wenn das Zelt auf dem Boden ausgebreitet ist, fix die 3 Stangen durch die entsprechenden Tunnel schieben (nicht ziehen, sonst können sich die durch ein Gummiband verbundenen Stangensegmente lösen). Endpunkte der Stangen in die dafür vorgesehenen Ösen am Zelt stecken und wenn das Zelt an der richtigen Stelle ist, den ersten Bogen (es ist ein Tunnelzelt) am Boden fixieren und dann nach hinten weiter straffen und die beiden übrigen Bögen fixieren. Zum Schluss die Abspannleinen mit Heringen im Boden verankern und stramm ziehen. Fertig ist die Laube! Jetzt noch die Isomatten sich aufblähen lassen (self-inflating), Schlafsäcke rein und aufschütteln und schließlich die Rucksäcke rein. Bei einer 2x2 Meter Villa plus Apsiden ist reichlich Platz im Inneren. Dafür wiegt es auch 1 bis 1,5 kg mehr als ein 2-Personen-Ganzkörperkondom. Aber der mit diesem Gewichtsplus erkaufte Komfort ist es uns wert.

In dem kleinen See baden wir vor der Videokamera. Jens will diese masochistischen „*Selbstkasteiungen durch Ganzkörperwaschungen in mörderisch kaltem Wasser*" dokumentieren. Das Wasser ist kalt, aber nicht so kalt wie befürchtet.

Zum Abendmahl gibt es heute Kartoffeln mit Gemüse, Tee und Keksen. Während die Eingeweide mehr oder minder geräuschvoll ihren Job tun, wird die Karte begutachtet und die Tagesleistung hochgerechnet – heute waren es etwa 5 km. Demnach müssen wir wahrscheinlich wieder umplanen, wenn wir die 10 km pro Tag nicht schaffen.

Etappe	Strecke km	Meter auf + ab	Start Level	Ende Level	Gipfel, Flüsse, Seen am Wegesrand
2	5	250	700	950	Hállji (1358 m) Atjijåhkå
Kumulierte Werte	9	531			

Sonntag, 22. Juni

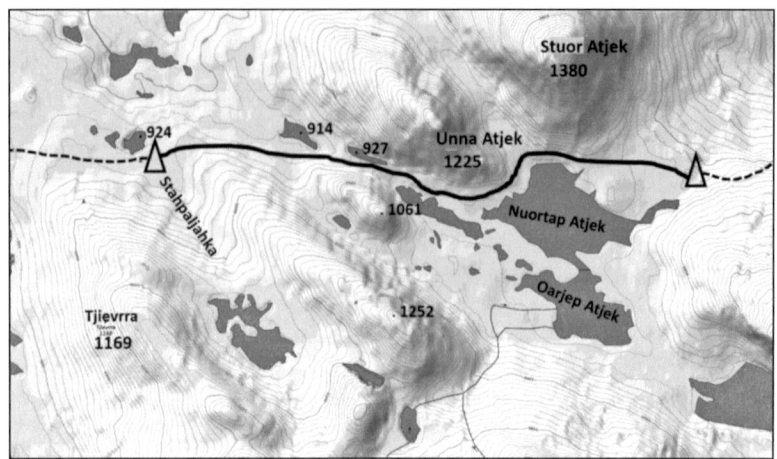

3. Etappe: Atjijåhkå - Ståhpaljåhkå
ca. 7 km; von 950 m auf ca. 925 m

Sind heute verdammt gut gestartet. Kaum Steigungen in der ersten Zeit, aber immer noch reichlich Steine. Die erste Zwischenmessung zeigt ein mörderisches Tempo von etwas über 3 km in der ersten Stunde. Danach wird's langsamer - liegt wohl auch am Gelände. Hier liegen extrem viele Felsen herum, über die wir immer wieder drüber müssen. Viele kleine Schneefelder legen sich in den Weg, bei denen man nie weiß, ob und wenn ja, wie tief man einsinken würde. Die Steinöde wird immer ekelhafter. Wir gehen fast nur noch über Geröll mit großen Steinen. Teilweise kommt es mir vor, als wenn ein Riesentrollbaby seine Bauklötze nicht weggeräumt hätte.

Zwischendurch beäugt uns eine Gruppe Rentiere neugierig, aber immer bereit, wegzuspringen. Sie sind nur etwa 50 m von uns entfernt.

Kaum zu glauben, aber das Gelände wird noch schlimmer. Nur gut, dass es heute wie gestern sonnig und trocken ist. Bei Regen über diese Steinöde zu rutschen, wäre nicht so prickelnd. Wenn nicht so manches tolle Panorama wäre, müsste man sich wirklich fragen: Warum mache ich das alles?

Wir finden unseren Weg zwischen dem See Nuortap Atjek und dem Berg Unna Atjek, was soviel bedeutet wie „der Kleine Atjek". Es gibt direkt nebenan nämlich auch den Stuor Atjek – genau, den „Großen Atjek".

Zwei im Sarek

Mir gefällt diese Weite, die Menschenleere und als Beilage dazu Jens'
im breitesten Sächsisch angelegte Schimpftiraden, wie etwa „2,5 Milli-
arden Steine, und keiner, auf den man mal den Rucksack absetzen
kann!!".

Es ist aber schön und nahezu unbeschreiblich, wenn man seinen Zeltplatz gefunden, alles eingerichtet hat und anschließend im nachbar-
schaftlichen, namenlosen See auf Höhe 926 ausgiebig baden kann.

Etappe	Strecke km	Meter auf + ab	Start Level	Ende Level	Gipfel, Flüsse, Seen am Wegesrand
3	7	25	950	925	Stuor Átjek (1380 m) Unna Atjek (1225 m) See Nuortap Átjek zahllose kleine Seen
Kumulierte Werte	16	556			

Montag, 23. Juni

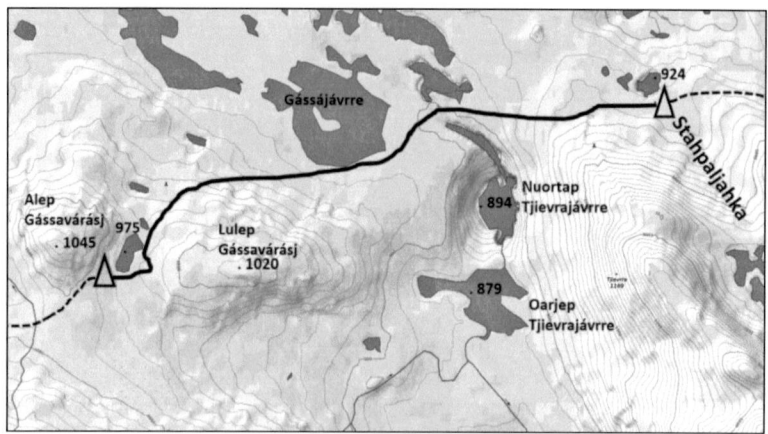

4. Etappe: *Stáhpaljåhkå - Alep Gássavárásj*
ca. 7 km; von 925 m auf 980 m

Immer noch Steine. Zwar schon etwas weniger, aber immer noch reichlich.

Wir bewegen uns insgesamt stetig leicht bergan, wobei immer wieder niedrige Falten im Gelände überquert werden müssen.

Kurz nach dem Frühstück beklagte Jens sich noch über die möglicherweise unnütze Mitführung seiner (Wat-)Sandalen. Und prompt stehen wir am Mittag bereits vor unserer ersten Watstelle auf dieser Wanderung.

Viel Wasser über große Steine, stellenweise sogar über 1,50 m tief. Wir finden schließlich eine Möglichkeit, in Kurven über flaches Gestein hinüber zu kommen. Das Wasser ist eisig. Die Füße fangen bald schon an zu prickeln und drohen, gefühllos zu werden. Aus diesem Grunde ist es ratsam, alte Turnschuhe oder Sandalen beim Waten durch eiskaltes Wasser zu verwenden. So wird die Verletzungsgefahr an nackten Füßen in steinigen Flussbetten deutlich verringert.

Socken und Schuhe wieder angezogen und weiter geht's. Wir gehen schnurgerade auf den Berg Niják zu. Wir können seinen Hauptgletscher, den Nijákjiegna , deutlich sehen. Am See 975 halten wir ein und beschließen, hier zu bleiben. Das dauernde Bergaufgehen macht den Hintern müde. Es herrscht immer noch 1a Wetter. Direkt in den See 975 mündet übergangslos ein Schneefeld und der See lädt zum Bade. Dem folgen wir dann auch.

Wie kalt und herrlich erfrischend ist das! Die Hemmschwelle, sich ins kalte Wasser zu begeben, wird immer niedriger.

Abends verwöhnen wir uns mit Rösti und gebratener Salami. Dieses herrliche Menü macht satt und schmeckt.

Später widmen wir uns dem Kartenstudium. Jens schlägt vor, den Niják nicht zu umrunden, sondern an seiner Südseite in ein enges Tal zu gehen, vorbei am Gletschersee Nijákriehppejávrásj und so auf die andere Seite der 2000er Bergkette zu gelangen. In der Tat stellt dieses Tal einen Durchgang dar.

Ganzkörperwaschung

Dazu müssen wir zunächst in dem benannten Tal bis auf 1170 m (von jetzt 975m) hoch und mittendrin noch mal ein Bandet (=Passhöhe) bis auf 1250 m überwinden. Dieses müsste die Güteklasse von Steigung haben, die wir am ersten Tag vor der Brust hatten.

Nach dem Bandet geht es dann stetig neben einem Gletscherabfluss steil bergab - bis auf etwas über 860 m. Dann wären wir schon im Ruohtesvágge , wo auch die Mihkástugan liegt – ein weiteres Etappenziel praktisch genau 25 km südlich unseres jetzigen Standpunktes -, und hätten durch diese Abkürzung einen Tag gespart.

Wir wollen es versuchen.

Gegen Mitternacht – rein uhrzeitlich betrachtet – setzt Regen ein und böige Winde zerren an den Zeltleinen. Der Regen wird stärker. Doch das Zelt hält und wir schlafen wieder ein.

Etappe	Strecke km	Meter auf + ab	Start Level	Ende Level	Gipfel, Flüsse, Seen am Wegesrand
4	7	55	925	980	See Nuortap Tjeurajaure Lulep Gássavárásj (1020 m) Alep Gássavárásj (1048 m)
Kumulierte Werte	23	611			

Fantastische Weiten

Dienstag, 24. Juni

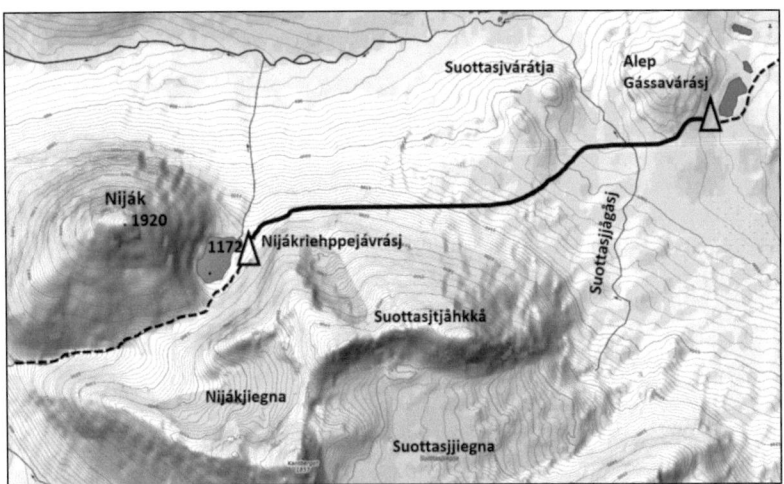

5. Etappe: Alep Gássavárásj - See 1172
ca. 5 km; von 980 m auf 1172 m

Die Sonne brennt vom Himmel. Der nächtliche „Sturm" ist ohne Folgen geblieben. Wir kommen heute kaum aus den Daunen. Alles tut weh: Nacken, Oberarme, Kniee, ...
Wir starten bei strahlendem Sonnenschein. Das Gelände kostet nach wie vor viel Kraft. Wenn es keine Steine gibt, müssen wir über tausende Erdbuckel oder durch Sumpf. Die Schuhe sind schon bald ziemlich nass. Gottlob erst mal nur von außen.

Mittlerweile lassen wir das bestimmt schon 30ste kleine Rentiergeweih links liegen - oder auch rechts, wer weiß das schon? Der zum großen Teil verweste Kadaver eines Renkalbes lässt uns auch kalt. Ebenso die immer wieder auftauchenden Knochenfragmente: Wirbel, Kiefer, Schulterblätter. Lebende Rens gibt's hier aber auch – haufenweise. Heute zieht eine Herde von etwa 100 –150 Tieren durch die Berge. Zuweilen kommt eine Splittergruppe etwas näher, beäugt uns kurz und trottet dann in lockerem Trab übers Geröll oder das nächste Schneefeld weiter.

Wir queren immer häufiger Schneefelder. Bis jetzt sind wir nur wenige Male tief in den Schnee eingebrochen. Gestern war Jens mit einem Bein bis zur Hüfte weg und kam nicht mehr frei. Erst nachdem der den Rucksack umständlich absetzen konnte und mit den Wanderstöcken gegraben hatte, konnte er seinen Fuß aus der kalten Umklammerung befreien.

Wir nähern uns unaufhaltsam dem Niják und damit auch dem Tal, das wir durchqueren wollen. Die letzten 500 m vor dem Taleingang stolpern wir ausnahmsweise über Schutt, den die Schmelzwasser aus dem Gletscher mitgebracht haben.

Urplötzlich verschwindet die Sonne hinter einer dunklen Wolke, heftiger Wind kommt auf und Regen mit dicken Tropfen deckt uns ein. Wir rüsten schnellstmöglich auf mit Rucksackhülle und Regenjacke und gehen weiter. Keine 15 Minuten später ist der Spuk genauso schnell vorbei wie er gekommen war und die Sonne scheint wieder. Also Regenjacken wieder auszuziehen und verstauen.

Das Nijákvágge bietet ein herrliches Panorama. Der See auf 1172 m ist zu einer Seite von einer ca. 800 m hohen, senkrechten Wand begrenzt, die direkt in den See fußt. Die Wasserfläche ist noch fast zu 100 % mit Eis bedeckt. Am linken Ufer, dem einzig begehbaren, münden diverse fließende Wasser in den See und verwandeln das Gelände in eine feuchtnasse Region. Teilweise grasbewachsen, teilweise einfach nur sumpfig und wo weder das eine noch das andere zutrifft, gibt's nur Erosionsschutt der umliegenden 1800er Berge.

Hinter dem jenseitigen Ende des Sees, am Ende des Tals, sehen wir dann die ca. 70 Höhenmeter, die uns vom nächsten See auf 1244 m trennen. Jetzt wissen wir auch, warum in diesem Tal auf der Karte keine Wegmarkierungen eingezeichnet sind (*Anmerkung: wir benutzen eine ältere Ausgabe des Kartenblatts BD 10, in dem noch die Routen durch den Sarek eingezeichnet sind. In späteren Ausgaben wurden diese getilgt. In den jüngsten Auflagen sind die dann doch wieder aufgenommen worden.*).

Die gesamte Höhe wird in ihrer kompletten Breite von einem Schneefeld bedeckt. Das ist die eine Sache; die andere ist die Steigung dieser Geschichte. In Grad gemessen und verglichen mit 90 Grad = senkrecht, kann man hier getrost von gut 70 Grad ausgehen.

Damit haben wir natürlich nicht gerechnet. Wir überlegen noch kurz – ganz kurz -, ob wir überhaupt in diese Richtung weiter gehen sollen, lassen dann die Rucksäcke erst mal allein zwischen den Felsen zurück und beschließen, die Sache mit dem Schneefeld vor Ort näher zu untersuchen. Am rechten Rand des steil aufragenden Schneefeldes lugen 3 kleinere Geröllfelder aus der weißen Masse, die insgesamt etwa die Hälfte der Höhe ausmachen. Aus der Ferne denken wir an die Möglichkeit, über diese Geröllpassagen zu gehen und das letzte Stück eventuell mit Hilfe der Seile zurückzulegen, indem wir damit die Rucksäcke über den Schnee hochhieven...?

Doch zunächst begutachten wir den Schnee. Nass und pappig ist er. Wir gehen bis ganz nach oben und nehmen auch den zweiten See in Augenschein, der noch total unter Schnee und Eis begraben ist. Daneben gibt es hier oben tatsächlich nur Trümmer, sonst nichts. Den Abstieg hinunter ins Ruohtesvágge schauen wir uns heute nicht mehr an. Davon lassen wir uns später überraschen. Wenn wir diesen Aufstieg mit unserem Gepäck geschafft haben, kann alles andere nur noch ein Schneckenschiss sein. Der Weg zurück, insbesondere das Schneefeld runter, ist sehr amüsant. Wir versuchen, auf dem Hosenboden zu rutschen, oder im Stehen auf den Füßen abzufahren. Doch der Schnee ist zu weich. Es funktioniert nicht. Jens legt sich zum Schluss bäuchlings auf den Schnee und rutscht so tatsächlich fast bis ganz unten. Ganz gemächlich zwar, aber immerhin. Kurzum, der Beschluss ist folgender: jetzt Zelt aufbauen, morgen Aufstieg und sofortiger Abstieg ins Ruohtesvágge , weil es um den oberen See herum absolut keine Möglichkeit zum Zelten gibt.

Als krönenden Abschluss des heutigen Tages wollen wir in dem Eissee noch mal baden. Das tun wir auch, aber erst nach dem göttlichen Mahl von „Nudeln in Gulaschsauce". Das Wasser ist noch kälter als gestern, obwohl ich das nicht mehr für möglich gehalten habe. Nun liegen wir brav in unseren Schlafsäcken und haben nebenbei auch noch die Gesamtroute geändert. Wir gehen jetzt doch nicht nach Huhttán (Kvikkjokk) am südlichen Rand des Sarek, sondern biegen nach einem Drittel der Strecke in diese Richtung nach Westen ab und durchqueren dann zwei Täler, die bisher noch nicht zur Diskussion standen: zunächst folgen wir dem Guohpervágge ca. 15 – 20 km in Richtung Westen und wenden uns danach wieder hart nach Norden in Richtung auf das Sierggavágge, das wir queren werden. Von dort wird es noch weiter nach NordNordWest gehen, und zwar nach Rijtjem. Dorthin wollten wir ursprünglich angereist sein und die Tour beginnen, haben es aber nicht getan, weil die Fähre über den riesigen Áhkajávrre erst seit heute den saisonalen Betrieb aufgenommen hat. Möglicherweise werfen wir nochmals alle Pläne über den Haufen. Doch, was soll's. Schließlich wollen wir wandern – auf welcher Route ist eher zweitrangig.

Etappe	Strecke km	Meter auf + ab	Start Level	Ende Level	Gipfel, Flüsse, Seen am Wegesrand
5	5	192	980	1172	Suottasjvárátja (1047 m) Suottasjjåhkå (1868 m) See Niakrieppejauratj
Kumulierte Werte	28	803			

Mittwoch, 25. Juni

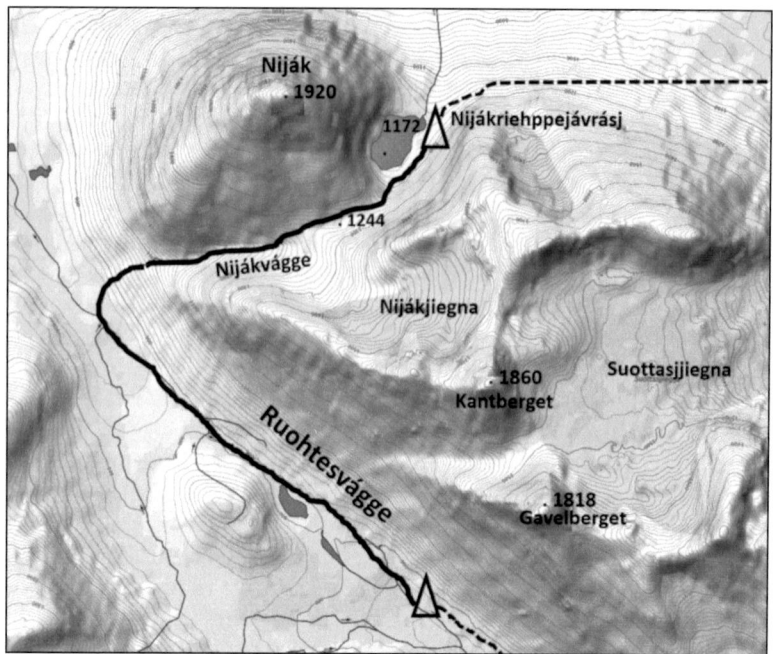

6. Etappe: *See 1172 – ins Ruohtesvágge;*
ca. 7 km; von 1172 m über 1245 m auf 850 m

Und wieder lacht die Sonne. Gutes Wetter für das bevorstehende Abenteuer „Nijákvágge". Routinemäßig wird alles gepackt. Wenn das Wetter trocken ist, kann man seine gesamten Habseligkeiten großzügig in die Landschaft pfeffern und gemächlich den Rucksack wieder auffüllen. Erst die großen Dinge verstauen: die Luft aus den Isomatten pressen, den Schlafsack in seinen Kompressionssack zwängen und klein schnüren, das Zelt abbrechen und in den zugehörigen Packsack stopfen (siehe auch Tipp: Zelt einpacken). Kocher und Spiritusflaschen sollten nicht vergessen werden und schließlich muss das ganze Kleinzeug von Besteck bis Streichhölzern an seinen Platz gebracht werden. Ordnung im Rucksack ist das halbe Leben.

Und los geht's. Wider Erwarten sind wir bereits nach nur 20 Minuten am Fuß des steilen Schneefeldes. Also keine Extra-Pause, sondern sofort rauf! Der Schnee ist immer noch genau so pappig wie gestern. Dazu gleißt die Sonne durch die Reflexion auf der hellen kristallinen Oberfläche wie verrückt. Es ist – nach Jens' Worten – wie Treppensteigen. Ab und zu verharren wir kurz, holen neu Luft und steigen weiter. Auch dieses Teilstück ist letztlich doch kein Problem – dank der pappigen Konsistenz des Schnees, in den man leicht seine „Stufen" treten kann. Anstrengend schon, aber nicht problematisch. Oben angekommen laben wir uns an dem Panorama, das uns der Blick zurück schenkt. Der See 1172 – mit Namen Nijákriehppejávrásj– liegt eindrucksvoll mit seiner eisgepanzerten Oberfläche weit unten zu unseren Füßen.

Auch der kleine namenlose See hier oben ist ein Schauspiel für sich. Völlig umgeben von Schneefeldern und die Oberfläche noch total weiß von Schnee und Eis muss man schon genau hinsehen, um ihn als See überhaupt wahrzunehmen.

Namenloser vereister See

Was bringt uns der Abstieg? Diese Frage konnten wir gestern nicht mehr klären. Unmittelbar hinter dem See geht es eindrucksvoll hinunter. Weit unten können wir einen Teil des Ruohtesvágge ausmachen, das mit seiner Talsohle auf einer Höhe von 830 m liegt. Das bedeutet, wir müssen gut 400 Höhenmeter hinunter. Das Tal Nijákvágge ist sehr eng und einen großen Teil nimmt der Abfluss des kleinen Sees ein, der kräftig unter den Schneemassen hindurchfließt. Überhaupt liegt bis auf 1000 m jede Menge Schnee hier. An einigen Stellen ist es ziemlich steil zum Fluss hin, so dass wir bemüht sind, so viel Abstand wie möglich zu ihm einzuhalten. Schließlich wollen wir nicht durch den Schnee brechen und mit vollem Gepäck im strömenden Eiswasser liegen.

Aus diesem Grunde gehen wir an manchen Stellen lieber über schneefreies Geröll, auch wenn das gerade hier sehr unangenehm zu begehen ist. Die Steine liegen meistens nicht fest und geben mitunter unkontrollierbar unter den Füßen nach. So führt bei mir ein loser Tritt zu einem ungebremsten Sturz. Einmal das Gleichgewicht verloren, drückt mich der Rucksack erbarmungslos nach unten. Zeit zu reagieren bleibt keine. Ich habe Glück, dass ich am Rand des Schneefelds gestürzt und auf dem Schnee gelandet bin und nicht komplett zwischen den Steinen. Trotzdem habe ich mich am linken Handgelenk verletzt. Leicht blutende Schürfwunden und eine wie ich vermute heftige Prellung. Es scheint allerdings nichts gebrochen zu sein. Ich kann die Hand in alle Richtungen bewegen und mich auch damit abstützen. Noch jetzt, während ich dieses niederschreibe, schmerzt das Gelenk ganz schön. Mal sehen wie es morgen aussieht.

Ohne weitere Zwischenfälle verlassen wir das Nijákvágge und machen uns auf den Weg nach Süden Richtung Mihkástugan. Das Gelände ist auch hier nicht unbedingt unser Favorit. Zahllose Erdbückelchen mit Gras bewachsen heben sich wie 50 cm hohe Pickel aus dem Boden. Das Gehen über diese Buckelpiste ist ziemlich kraftraubend. Wenn es keine Pickel sind, stapfen wir nach allen Seiten Wasser spritzend durch sumpfige Passagen.

Irgendwann sind wir so erschöpft, dass wir das Zelt errichten wollen. Leider gibt es – auch nach langer Suche – keinen geeigneten Platz. Mitten durch das Ruohtesvágge fließt der Smaijlajjåhkå, der sich mitunter in mehrere Arme aufteilt. Zur Zeit ist er noch stark mit Schneeflanken versehen und vielfach mit ausladenden angrenzenden Schneefeldern.

Jens schlägt vor, am andren Ufer nach einem Zeltplatz zu suchen, da wir den Fluss früher oder später sowieso überqueren müssen. Also kurz entschlossen Hosen aus, Watschuhe an und los. Das Wasser ist sedimentreich und undurchsichtig. Die Wassertiefe ist nicht abzuschätzen. Egal wo man auch hinsieht, ist immer ein schnellfließender Arm dabei, von dem man annehmen kann, dass er mehr als hüfttief ist. Auf der Suche nach einem Übergang gehen wir schon jetzt teilweise durch das mörderisch kalte Wasser. Endlich finden wir einen möglichen Weg und probieren ihn aus. Wir durchqueren fünf, sechs, sieben einzelne Wasserläufe bis die Füße kurz vorm Erfrieren sind.

Als wir den letzten Arm verlassen, spüre ich hunderttausend Nadelstiche an den Füßen und höre Jens hinter mir lautstark frohlocken. Ihm scheint es ebenso zu ergehen.

Trotz alledem gehen wir in den Watschuhen weiter bis ein angenehmer Zeltplatz mit fließend Wasser vor der „Tür" gefunden ist.

Etappe	Strecke km	Meter auf + ab	Start Level	Ende Level	Gipfel, Flüsse, Seen am Wegesrand
6	7	468	1172	850	Niják (1922 m) Gletscher Nijákjiegna Nijákvágge Ruohtesvárásj (1004 m) Ruohtesvágge
Kumulierte Werte	35	1271			

Einmal abspülen, bitte!

Donnerstag, 26. Juni

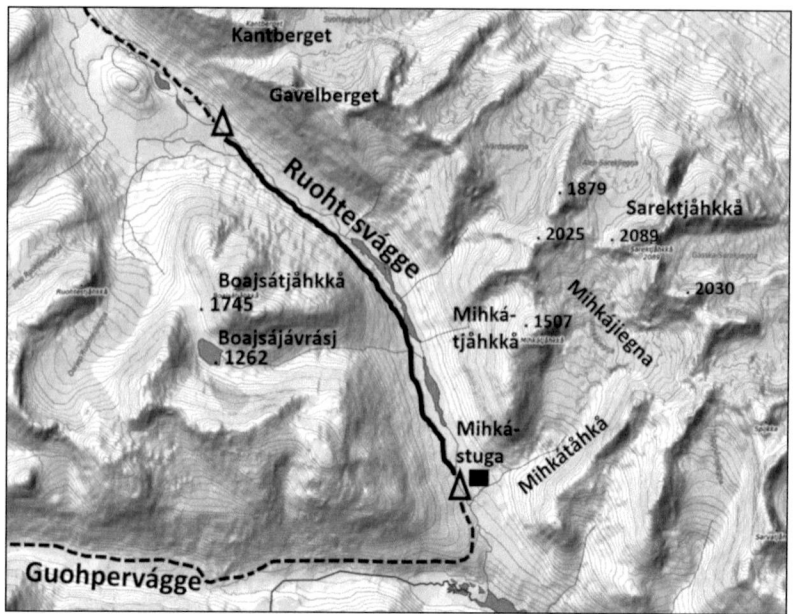

7. Etappe: *Ruohtesvágge - Mihkástugan*
ca. 12 km; bleiben auf ca. 850 m

Am frühen Morgen hängt das Ruohtesvágge noch voller Wolken, die wie ein Topfdeckel das Tal nach oben abschließen. Ich lege mich wieder hin und werde erst richtig wach, als die Sonne das Zelt deutlich erwärmt. Es ist schon halb neun, doch die Gestalt neben mir ist noch völlig reglos. Ist mir nur recht; so richtige Lust aufzustehen, habe ich auch noch nicht. So lassen wir den Dingen ihren Lauf und beginnen erst um 10:30 h mit den Frühstücksvorbereitungen.

Dieser stereotype Vorgang hat sich während der letzten gemeinsamen Wanderung so eingebürgert: Jens mischt das Milchpulver an, gibt den rationierten Becher Müsli hinzu und wärmt das Ganze auf dem Kocher an. So bekommt jeder seinen Topf(!) voll Müsli jeden Morgen ans Bett serviert. Dabei hätten wir gerne mal wieder ein Brötchen zwischen den Zähnen.

Wir raffen uns schließlich auf, die Plörren zusammenzupacken. Das heißt: wieder alles in den Rucksack und in diverse Packsäcke eintüten. Zum Schluss werden die Zeltstangen außen am Rucksack befestigt und nach einer Prise Sonnenmilch für jeden kann es losgehen. Schlag 13 h versuchen wir, die Rucksäcke von ihrer ebenerdigen Position hochzuhieven. Bei dem horrenden Gewicht geht das technisch nur so, dass man sich ins Gurtzeug quält, während der Rucksack noch auf dem Boden steht, sich anschließend über ein Knie auf alle Viere dreht und sich dann langsam aufrichtet, wobei peinlichst vermieden werden muss, nach vorne hin Übergewicht zu bekommen. Denn dann liegt man auf der Nase und das Spielchen beginnt von vorn.

Das Ruohtesvágge ist eine traditionelle Route für eine Sarek-Durchquerung. Das weite Trogtal wird links und rechts von zahlreichen begletscherten Gipfeln gesäumt. Die Wasserabflüsse aus diesen Gletschern sammeln sich im Fluss Smaijlajjåhkå, der sich in vielen Windungen durch das ganze Tal zieht. Diesen Fluss haben wir gestern bereits durchquert und befinden uns an jenem Ufer, an dem der von vielen Wanderern in über 100 Jahren getretene Trampelpfad bis zur Mihkástugan, einer (verschlossenen) Privathütte des Naturvardsverket, führt.

Mihkástugan – verschlossene Privathütte

Der Weg führt zwar über einige niedrige Erhebungen, ist aber wunderbar zu begehen. Zumindest im ersten Teil erhalten wir heute zum ersten Mal Gelegenheit, richtig auszuschreiten. Jens unbestechliches GPS bescheinigt uns nach der ersten Stunde eine Geschwindigkeit von über 4 km/h. Während einer Pause erreichen uns zwei Schweden, mit denen wir ein wenig plauschen. Auch sie wollen zur Mihkástugan und von dort in sechs Tagen bis nach Huhttán (Kvikkjokk) vorstoßen. Ist meiner Meinung nach selbst für leichte Rucksäcke ein ganz schönes Stück Arbeit.

Der Weg bleibt im weiteren Verlauf zwar gut sichtbar, gestaltet sich aber mehr und mehr zu einer ausgedehnten Kneipp-Kur. Das Schmelzwasser von den Bergflanken durchtränkt den Boden über weite Passagen hinweg. Zudem müssen Dutzende von Schneefeldern überquert werden, bei denen man nie genau weiß, wie weit der oftmals direkt darunter fließende Bach den Schnee bereits ausgehöhlt hat. Dann passiert es oft genug, dass man in den Schnee einbricht und sich mitunter nur schwer wieder befreien kann. Der Smaijlajjåhkå gewinnt immer mehr an Fließgeschwindigkeit, je näher wir der Mihkástugan kommen.

Hier erwartet uns ein mächtiges Naturschauspiel. Direkt an der Hütte beschreibt der Fluss einen Bogen in einen engen Felsencanyon hinein und presst seine grauen, sedimentreichen Wassermassen durch eine nur wenige Meter breite Klamm, über die eine der wenigen Brücken im Sarek gebaut ist. Mit ohrenbetäubendem Getöse und gischtend wälzt sich der Smaijlajjåhkå durch die Schlucht. An den Wänden (ca. 15 – 20 m hoch) hängen noch mächtige Schneewächten, die man in Zeiten der Schneeschmelze besser nicht betritt.

Nach der üblichen Zeltaufbauroutine gönnen wir uns noch eine Ganzkörperwaschung im Fluss – an einer Ausbuchtung kurz vor der Klamm, allerdings ohne Strömungsgefahr. Beim Wasserholen an einem schmalen Bach in der näheren Umgebung, kommen wir mit einem der beiden Schweden ins Gespräch. Wir erfahren, dass sein Begleiter Probleme mit seinem Knie bekommen hat, so dass sie ihre ursprüngliche Tour wohl aufgeben müssen.

Unser Weg wird uns morgen ins Nachbartal Guohpervágge führen. Wie es von dort weitergehen wird, werden wir von Wetter und Geländebeschaffenheit abhängig machen.

Brücke bei der Mihkástugan

Etappe	Strecke km	Meter auf + ab	Start Level	Ende Level	Gipfel, Flüsse, Seen am Wegesrand
7	12	0	850	850	Boajsátjåhkkå 1726 m) Gávabákte (1906 m) Vargtoppen (1807 m) Mikkatjåkkå (1735 m) Gletscher Mihkájiegna Mihkástugan
Kumulierte Werte	47	1271			

Smaijlajjåhkå

Freitag, 27. Juni

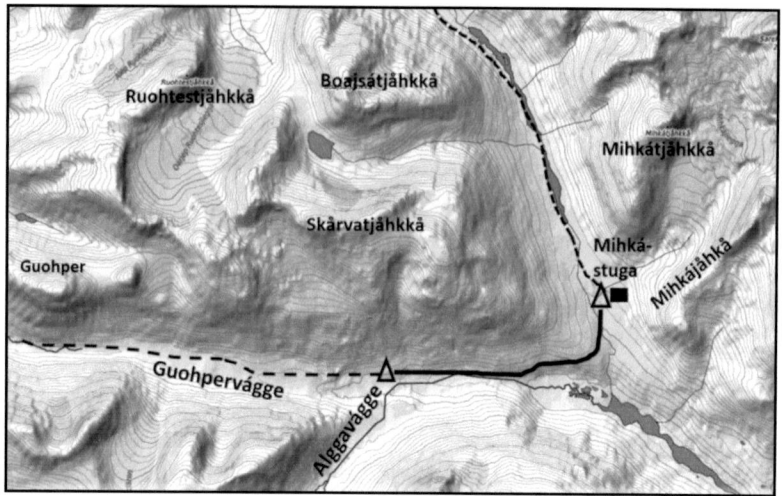

8. Etappe: *Mihkástugan – Algavágge*
ca. 4 km; etwas runter auf 830 m

Nieselregen beim Aufwachen. Mal mehr, mal weniger, mal gar nicht. Das Aufstehen verzögert sich entsprechend. Ein Ruhetag ist im Gespräch, aber noch nicht beschlossen. Gegen 11 h hört der Regen auf. Ich mache eine Fotosafari zum Fluss und verschieße einige Bilder. Als ich zurückkomme, liegt Jens noch immer bewegungslos in seinem Schlafsack. Ich mache mich nochmal auf und kundschafte den weiteren Verlauf des Weges aus. Dabei erhalte ich sehr schöne Einblicke in den Übergang vom Guohpervágge ins Rapavagge. Die Talsohle ist praktisch ein einziger Wasserlauf, der ständig irgendwelche Kringel und Inseln bildet.

In Richtung Guohpervágge – unsere Marschrichtung – ist es ähnlich. Nur müssen wir bergan steigen. Es hat noch nicht wieder geregnet, aber der Himmel ist nach wie vor bedeckt. Auf dem Rückweg zum Zelt finde ich eine Holzbohle und denke an Salami – am offenen Feuer gebraten. Mit diesem Bild im Kopf, aber noch ohne die Bohle auf der Schulter, dafür mit einigen trockenen Ästen im Arm, finde ich Jens mit seinem ganzen Gelumpe vor dem Zelt vor. Also doch kein Ruhetag.

Ruckzuck packen wir alles zusammen und schon kann's losgehen. Dieses Mal starten wir ohne Sonnenschein und bei frischem Wind erstmals von Beginn an im Hemd.

Der Weg ist heute beschwerlich, vermutlich, weil wir beide nicht so richtig in Gang kommen. Es geht ständig bergauf, wobei viele Erdwölbungen überwunden werden müssen. Trotz alledem ist das Tal sehr schön zum Wandern.

Wir bewegen uns langsam hangabwärts auf den Fluss zu. 5 km wollen wir heute schaffen. Das ist eigentlich wenig, aber wenn man nicht so richtig in Form ist...

Kurz bevor wir unsere Tages"etappe" erreicht haben, reißt der Himmel auf und innerhalb kurzer Zeit erstrahlt wieder alles im Sonnenlicht. Auf einer Kuppe direkt am Fluss finden wir eine herrliche Zeltmöglichkeit. Eine ziemlich ebene Fläche, mit Wacholder und Moosen und Gras bewachsen, lädt zum Verweilen ein. Als das Zelt steht, bemerken wir ein merkwürdiges Phänomen im Untergrund: der Boden wabbelt wie ein Wasserbett. An der Oberfläche ist alles trocken und soweit wir feststellen können, ist auch in mindestens 30 – 50 cm Tiefe Erdreich auszumachen. Erst darunter muss sich eine Wasseransammlung befinden, die den Boden so schwingen lässt. Etwas später tritt auch tatsächlich schlammiges Wasser aus einem Probebohrloch, das mit dem Wanderstab gemacht wurde.

Am jenseitigen Ufer klammert sich ein dickes Schneefeld an die Felsen. Es reicht bis ans Wasser heran. Der Fluss ist hier insgesamt etwa 50 m breit, wobei sich der Hauptstrom allerdings auf etwa 3 m konzentriert. Der Rest ist je nach Pegelstand mehr oder weniger überflutet. Heute ist er eher weniger überflutet.

Wir waschen uns vor dem Schneefeld als „abenteuerlicher" Kulisse und schreiten anschließend zur Essenszubereitung. Heute gibt's haufenweise Tortellinis - für jeden einen eigenen Topf voll. Denkwürdig ist der heutige Ausspruch zur Verpflegung von Jens „Heißhunger" Schladitz: **„Ich kann nicht mehr!"** Und das, obwohl sein Topf noch bestimmt zu einem Viertel gefüllt ist.

Sonst war nicht viel los. Außer vielleicht, dass Jens die offene Trinkflasche in meine Richtung umgestoßen hat und ich, im Bemühen, möglichst viele Sachen möglichst schnell aus dem Nassbereich zu räumen, auch noch meinen halbvollen Trinkbecher umgekippt habe.

Daraufhin habe ich meine teilweise nasse Isomatte zunächst in Sonne und Wind gelegt und mich selbst im Schlafsack direkt in die Buttnik dazu gesellt.

So lange, bis die Matte wieder trocken war.

Ach ja, und Waschtag hatten wir heute und zu diesem Behufe aus dem langen Seil eine Wäscheleine zwischen 2 Felsen gespannt. Sah schon sehr drollig aus – 20 Meter Wäscheleine in Kniehöhe. Aber was soll man machen, wenn die Bäume fehlen?

Etappe	Strecke km	Meter auf + ab	Start Level	Ende Level	Gipfel, Flüsse, Seen am Wegesrand
8	4	20	850	830	Skájátjåhkkå (1647 m) Guohperjåhkå Guohpervágge
Kumulierte Werte	51	1291			

Waschtag

Samstag, 28. Juni

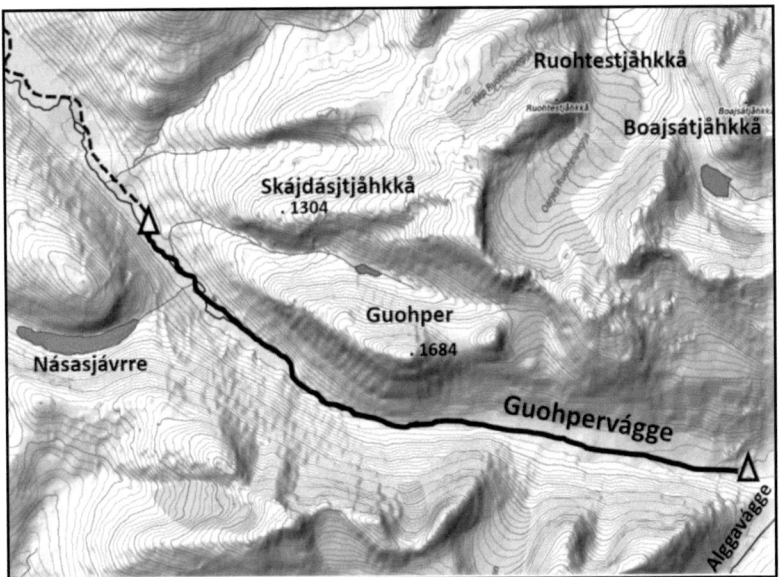

9. Etappe: *Guohperskájdde – Násasvágge*
ca. 11 km; gemächlich runter auf 800 m

Wir kommen heute wieder nicht aus dem Quark. Die „Nacht" war kühl – ca. 5 Grad -, während tagsüber 30 Grad in der Sonne herrschten. Kaum, dass man sich um 4 h nochmal tief in den Schlafsack vergräbt und einkuschelt, muss man schon um 6 h, wenn die Sonne voll aufs Zelt scheint, alles von sich werfen, damit man nicht wegschmilzt. Schließlich halten wir es im Zelt nicht mehr aus und flüchten mit den Schlafsäcken in die Botanik – bei gemessenen 36 Grad in der Sonne. Dann schiebt sich irgendwann eine Wolke vor den gelben Himmelsball, woraufhin ein jäher Temperatursturz einsetzt. Wie, um uns zu sagen: „Los jetzt, ihr Faulpelze!"

Nun gut, wir beugen uns den himmlischen Mächten, packen fix zusammen und marschieren los.

Wir gehen weiter ins Guohpervágge hinein, das wir in insgesamt 3 Tagen durchquert haben möchten. Allerdings gibt es zwei Passagen, in denen massive Sumpfgebiete zu erwarten sind.

***

Wenn ich eine Schreibpause einlege, mich zurücklehne und die Augen schließe, während Jens mir einen Tee ans „Bett" bringt, kann ich mich bewusst dem Erlauschen des Rauschens des Nåsasjågåsj, dem Abfluss des Nasas-Sees, hingeben. Heute Abend konnten wir eine riesige Rentierherde beobachten, die gemächlich neben dem Nåsasjågåsj bergauf zuckelte. Es werden wohl an die 300-400 Tiere gewesen sein. Unser Zeltplatz liegt genau diesem Fluss gegenüber. Bevor wir das Zelt hier aufschlagen konnten, mussten wir ca. 10 km über angenehme und auch wieder etwas anstrengendere Wegpassagen zurücklegen. Der letzte Teil war besonders dramatisch, weil hier das blutrünstigste Tier Lapplands in Schwärmen über uns hergefallen ist: die Mücke.

Hatten uns diese Quälgeister bis dato ziemlich in Ruhe gelassen, kannten sie heute kein Pardon. Während des Laufens sammelten sich regelmäßig einige dieser Biester z.B. auf Bauch und Brust. Immer konnte man sie nicht verscheuchen, so dass einige Stiche zurückblieben. Während wir nach einem geeigneten Zeltplatz Ausschau hielten, entdeckte Jens einige Armvoll Holzknüppel von Weiden und Wacholder an einer kleinen Feuerstelle. Das erleichterte uns die Entscheidung. Wir errichteten das Zelt in direkter Nähe zur Feuerstelle und sahen schon während des Zeltaufbaus die knusprigen Salamischeiben vor dem geistigen Auge.

Das Feuer wurde mit 2-3 Schuss wertvollen Spiritus angeblasen. Ich hatte noch schnell ein kleines Rentiergeweih aus der Nachbarschaft besorgt, an dem wir nur etwa 50 m vorher vorbeigekommen waren. Daran spieße ich an zwei Enden jeweils eine dicke Salamischeibe auf und röste sie über der offenen Flamme. Eine Halbe von unseren Riesensalamis wurde auf diese Weise gegart und unverzüglich vertilgt. Bei den letzten Scheiben fing schon mal das Geweih etwas Feuer, was dem Ganzen den Hauch eines Krematoriums verlieh. Aber so ist das nun mal in der Wildnis, gell?

Gestärkt, satt und zufrieden zogen wir uns in die mückenfreien Privatgemächer zurück, um noch einen Tee zu uns zu nehmen. Jens beendete hier die Teenetz-Dokumentation per Videokamera.

Ach so, hatte ich das noch nicht erzählt? Vor ein paar Tagen hatten wir etwas sehr starken Tee in den Bechern, was in erster Linie darauf zurückzuführen war, dass ich für diese Wanderung losen Tee statt Teebeutel eingekauft hatte. Und des weiteren darauf, dass wir weder an ein Tee-Netz oder Tee-Ei oder Ähnliches gedacht hatten. So hat dann der Tee munter in den Bechern weitergezogen – bis zum dem Mal, als er wirklich nicht mehr genießbar war.

Daraufhin habe ich mir überlegt, wie man diesen Mangel heilen kann und mich daran gesetzt, ein Tee-Netz zu basteln. Das ist selbstverständlich in der gut ausgerüsteten Bastelstube eines Zeltes mitten in der Einöde kaum ein Problem. Irgendwie fühlte ich mich stark an den Film APOLLO 13 erinnert, als die Aufgabe lautete, ein rundes und ein viereckiges Schlauchendstück dicht zu verbinden.

Wiedemauchsei – ich nahm von einer breiten elastischen Binde (aus unserem 1.-Hilfe-Fundus) zwei etwa 20 cm lange Stücke und nähte sie mit grober Stichelei mit Nylonschnur zusammen. Durch dieses fast quadratische Stück Gewebe zog ich kreisförmig einen weiteren Nylonfaden, dessen Enden unspektakulär verknotet wurden. Mit Hilfe dieses Fadens kann man das Tuch sackartig verschließen – FERTIG! Selbst McGyver hätte seine helle Freude daran gehabt.

Jens hatte die ersten beiden Herstellungsphasen fasziniert videomäßig dokumentiert. Was ihm noch fehlte, war der Beweis für die praktische Erprobung. Und das hat er heute nachgeholt.

Morgen ist Sonntag. Wir werden einen Ruhetag einlegen, das Zelt nicht abbauen und weiterstiefeln, sondern auf den hinter uns aufragenden Berg Guohper, der dem Tal seinen Namen gibt, aufsteigen. Zur Talseite fällt er über 800 m sehr steil und im oberen Bereich senkrecht ab.

Zwischenbemerkung: Jetzt, um 22 h, steht der Sonnenball quasi direkt vor unserem Eingang. Ein eindrucksvolles Schauspiel.

Zurück zum Guohper. Von seiner Rückseite ist er problemlos zu erklimmen. Wir erhoffen uns von oben einen schönen Blick hinunter ins Tal und auf die umliegenden Berge. Das Guohpervágge bietet noch eine Besonderheit. Der Talgrund ist in der Mitte des Tals höher als an den beiden Enden. Das führt dazu, dass an beiden Taleingängen ein Fluss herausfließt. Heute ist es so, dass in Höhe des Berges Guohper etwa 500 m lang kein Wasserlauf in der Talsohle ist. Ich denke zu Zeiten des Hochwassers oder anhaltender Regenfälle wird es auch hier vermehrt Wasser geben. Und ab einem bestimmten Punkt muss es sich entscheiden, ob es in die eine oder die andere Richtung fließen will.

Etappe	Strecke km	Meter auf + ab	Start Level	Ende Level	Gipfel, Flüsse, Seen am Wegesrand
9	11	30	830	800	Sielmátjåhkkå (1724 m) Guohper (1684 m)
Kumulierte Werte	62	1321			

Sonntag, 29. Juni

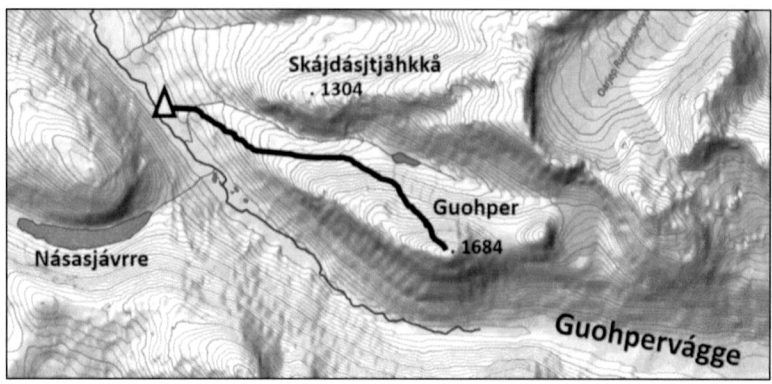

Heute steht ein Tagestrip auf den Gipfel des 1.684 m hohen Guohper an. Zur Talseite hin wartet der Berg mit beeindruckenden Steilwänden auf, während er von der Rückseite einfach zu bezwingen ist. Man muss halt lediglich knapp 900 Höhenmeter aufwärts gehen ohne zu klettern. Während des 3-Stunden-Aufstiegs können wir zunächst den gegenüberliegenden Násasjávrre auf 938 m sehen. Wie eine langgezogene Bohne hängt er lässig zwischen dem Njahke (1348 m) und dem Násastjåhkkå (1318 m).

Der Aufstieg zieht sich ziemlich in die Länge. Glücklicherweise haben wir nur minimales Gepäck dabei: 1 Stuff-Sack mit Fotokram, ½ Salami, 1 Messer, 1 Tafel Schokolade und 2 Handtücher sowie 1 Liter Trinkwasser. Die Handtücher haben wir eingesteckt, falls wir nah genug an den kleinen See herankämen, der genau hinter dem Guohper auf 1127 m Höhe liegt. Doch schon der etwas tiefer gelegene Násasjávrre ist noch komplett mit Eis bedeckt und der namenlose 1127er ist so tief unter Schnee begraben, dass man ihn fast gar nicht entdeckt. Baden ist also nicht.

Nach schier endlosen 3 Stunden stehen wir schließlich ganz oben. Der Guohper ist auf unserem Weg der letzte einigermaßen hohe Berg, den wir problemlos ohne Kletterei besteigen können. Und es hat sich gelohnt. Unter wolkenlos blauem Himmel sehen wir sie (fast) alle - die Sarek-Gipfel. Das Ruohtes-Massiv direkt hinter uns im Norden, das Ålkatj-Massiv im Süden mit 1900er Gipfeln, im Osten das Äpar-Massiv, in dem das Basstavágge liegt, im Nordosten Sarektjåhkkå mit teilweise über 2000er Gipfeln wie etwa Sydtoppen (2023 m), Buchttoppen (2010 m) und Stortoppen (2089 m).

Die letzen Meter zum Gipfel des Guohper

Zum Sarektjåhkkå-Massiv gehört auch der Nijåk, an dem vorbei wir ins Ruohtesvågge vorgestoßen sind. Es gehören aber auch ca. 20 größere und kleinere Gletscher dazu, von denen etwa Mihkåjiegna der zweitgrößte ist. Der Blick nach Westen ist von unserem jetzigen Standort zunächst unverbaut. Wir können ungehindert unsere morgige Tagesetappe bewundern, die sich bis zum Ende des Guohpervågge ziehen wird. Weiter darüber hinaus können wir Teile des Sallohaure und des Vásstenjávrre erkennen, das sind große Seen, an denen der Badjelánndaled (Padjelanta-Weg) entlangführt.

Kurz, wir sind umgeben von Dutzenden schneegekrönter Häupter, die sich malerisch vom Blau des Himmels abheben. Aber auch der Blick ins Tal, 800 m tiefer, ist nicht ohne. Wir müssen schon Vorsicht walten lassen und nicht zu dicht an die Kante gehen, denn diesem brüchigen Gestein ist nicht unbedingt zu trauen.

Wir genießen die Aussicht noch eine Weile und machen uns dann auf den Rückweg. Dieser dauert etwa 2 Stunden. Bei der Ankunft am Zelt fällt sofort ein Geschwader Mücken über uns her. Dutzende Invasoren lauern schon im Zelteingang auf unser Blut.

Auf dem Guohper-Gipfel

Blick in Richtung Osten

Wir versuchen, den Schweinebiestern ein Schnippchen zu schlagen und verlegen das Abendmahl an die Feuerstelle, wo ein qualmendes Feuer entfacht wird. Es hält die zähen Biester allerdings nur temporär auf Abstand. Nach dem Kochen und Verspeisen des Nudelgerichts flüchten wir ins überhitzte Zelt.

Hier sind weitere gut 2 dreckige Dutzend Aggressoren unschädlich zu machen. Die Erfahrung hat gezeigt, dass nur eine endgültige Vernichtung, in Form genüsslichen Zerreibens der Mückenleiber zwischen Daumen und Zeigefinger, anhaltenden Erfolg bringt. Lediglich „gepatschte" Mücken sind mitunter nur betäubt und starten ihre Angriffe erneut, sobald sie sich wieder erholt haben.

Nachdem die höhere Ordnung im Zelt wieder hergestellt ist, sinken wir ermattet, umgeben von 30 Grad warmer Luft, auf die Schlafsäcke und reißen uns die Klamotten von den Leibern. Hoffentlich kühlt es sich bald etwas ab.

Etappe	Strecke km	Meter auf + ab	Start Level	Ende Level	Gipfel, Flüsse, Seen am Wegesrand
Tagestour	6	1732	820	820	Guohper Gipfel (1684 m) Ruohtes-Massiv (1804 m)
Kumulierte Werte	68	3053			

Montag, 30. Juni

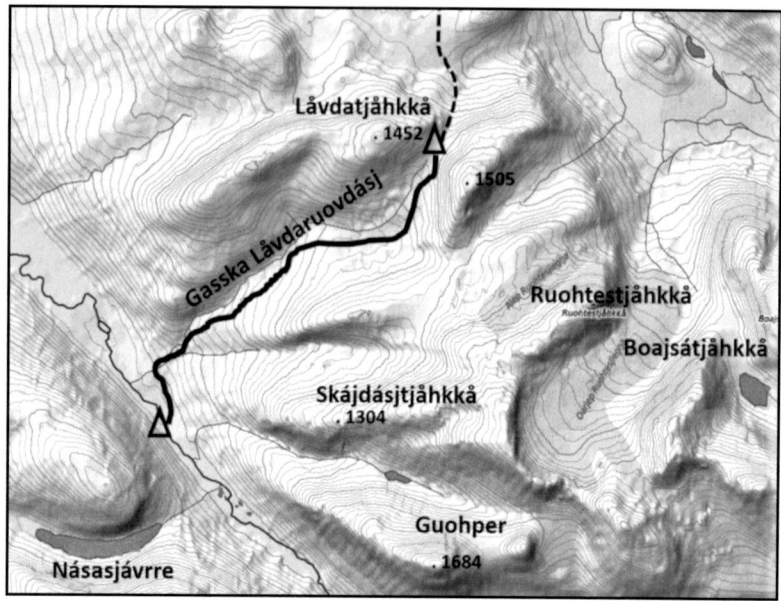

10. Etappe: *Násasvágge - Låvdatjåhkkå*
ca. 4 km; von 800 m auf ca. 1050 m

3 h morgens – es wird trotz Schlafsack tatsächlich mal kühl.
6 h morgens – der Lorenz knallt aufs Zelt, dass es eine wahre Pracht ist. Raus aus dem Schlafsack und Hemd ausziehen – sonst ist es nicht auszuhalten.

Die Zelteingänge zu öffnen, wird nicht empfohlen. Draußen lauert der unbarmherzige, berüsselte Feind. Das ist das schiere Grauen. An diesem Ort herrscht der Moskito-Horror. Man kann noch nicht mal in Ruhe pinkeln, ohne dass die Beine und andere Extremitäten voller Mücken hängen.

Wir beschließen, dieser erdrückenden Übermacht zu weichen. Noch ohne zu frühstücken packen wir zügig zusammen – natürlich nicht, ohne dabei eine obligatorische Anzahl von Stichen abzusahnen.
Der heutige geplante Streckenabschnitt soll bis zum Ende des Guohpervágge reichen, das sind etwa 8 km. Der Laukatjaratj, ein See auf 756 m Höhe, soll uns dort empfangen.

Allein, wir sollen niemals dort ankommen!

Die 4 oder 5 Arme des Abflusses vom See 1127, den wir gestern unter Schnee begraben sahen, meistern wir steinhopsenderweise souverän. Nur knapp einen Kilometer und tausende Mücken weiter ereilt uns das gleiche Schicksal wie mit dem Abfluss aus den Låvdak-Gipfeln. Auch hier sind mehrere Arme zu überqueren. Die ersten 3 schaffen wir wieder von Stein zu Stein hüpfend. Doch dann ist immer wieder mal eine übervolle Rinne mit sehr starker Strömung dazwischen, die eine Wat unumgänglich macht. Also: geeignete Stelle suchen, Stelle merken, zurück zu den Rucksäcken und Hosen aus. Nur Nanosekunden später sind die nackten Beine mit schwarzen Moskitoleibern übersät. Jetzt aber los und durch den Fluss. Alles geht gut. So schnell wie möglich wieder anziehen. Jens schlägt vor, geradewegs hoch zu gehen, weg von dem Mückengesocks.

Ich bin dabei. Trotzdem werfen wir vorher noch einen Blick auf die Karte. Sieht von hier aus besehen ganz gut aus. Wir werden ganz einfach dem Fluss, den wir gerade überquert haben, bis zu seinem Ursprung - das wird wahrscheinlich ein Schneefeld sein – folgen, gehen dann durch die Berge bis auf etwa 1350 m, teilumrunden einen 1445-m-Gipfel und steigen dann ab ins Sierggavágge, das Tal, in das wir eigentlich erst übermorgen vom Ende des Guohpervágge einbiegen wollten.

Beschluss gefasst und bergwärts geht's.

In der Tat, es geht ziemlich steil hoch. Der Fluss hat seine Quelle auf etwa 1200 m. Wir befinden uns jetzt auf knapp 800 m. Das wird ein schönes Stück Arbeit werden. Doch diese blutsaugende Pestilenz treibt uns an und mit schweren Beinen – noch von der gestrigen Anstrengung – steigen wir monoton Meter um Meter höher.

Ein schöner Zeltplatz, eben, auf einer Wiese, bietet sich an, ja drängt sich geradezu auf, das Lager aufzuschlagen. Etwa 10 Sekunden und 50 Mückenleichen später fällt doch die Entscheidung fürs Weitergehen.

Der Fluss wird immer wilder. Es sind permanent noch Schneekanten an den Ufern. Der gegenüberliegende Hang ist zum großen Teil mit Schnee bedeckt. Etwas voraus bemerken wir einen etwa 10 m hohen und 5 m breiten Wasserfall, der schön anzusehen ist.

Die Mücken treiben uns weiter, obwohl wir schon längst kaum noch Kraft haben, die Gepäckcontainer hochzuwuchten. Schließlich verringert sich die Zahl der surrenden Sputniks im Orbit um meinen Kopf von Pause zu Pause immer mehr. Dann haben wir endlich die mückenfreie Zone erreicht und gleichzeitig eine Möglichkeit zu zelten.

Wir sind jetzt 1050 m hoch und befinden uns genau an einer Flussgabelung, d.h. eigentlich fließen hier zwei Gletscherbäche zusammen, nicht auseinander. Wir nehmen noch die nächste Hügelkuppe in Augenschein und entscheiden uns letztlich auch für diese.

Fließend Wasser in Form eines lieblichen Baches direkt am Zelt, Schneefelder auf der einen Seite, den einen Quellfluss in einer kleinen Schlucht zur anderen Seite und vor allem: KEINE einzige Mücke!! Endlich! Wir haben das Paradies gefunden!

Zelt aufbauen, Essen kochen (Makkaroni). Während das Nudelwasser gart, stellt Jens fest, dass meine Nase ziemlich verbrannt ausschaut. Ich bestätige im Gegenzug das Gleiche bei seinen Ohren und Nacken. Das ist auch kein Wunder. Seit 10 Tagen rennen wir bei gleißendem Sonnenlicht (Ausnahme: ½ bewölkter Tag beim Verlassen der Mihkástugan) durch die Gegend, überqueren Dutzende von reflektierenden Schneefeldern, produzieren literweise Schweißtropfen, die wie Brenngläser auf der Haut wirken.

Und heute? Von morgens früh bis abends wolkenloser, wirklich wolkenloser blauer Himmel und fast absolute Windstille. Es hat den ganzen Tag über nicht den Hauch eines Anzeichens einer Wolke gegeben.

Und der gelbe Gasball am Firmament brennt gnadenlos. Jeden Morgen haben wir uns mit Sonnenmilch eingeschmiert – Odin sei Dank, dass wir überhaupt welche dabei haben.

Wer will schon nach Malle?

Während des Essens wird es so heiß, dass es ohne Kopfbedeckung kaum auszuhalten ist. Das grelle Licht zwingt dazu, die Sonnenbrillen auf die Nasen zu setzen. Darüber hinaus ist es schon so weit, dass wir uns Nasenschützer unter die Brillen klemmen – ganz wie auf Malle. Jens Thermometer zeigt 28 Grad hier auf gut 1000 m Höhe.

Noch irgendwelche Fragen?

****

Endlich sind die Nudeln gar. Während wir geräuschvoll die Makkaroni inhalieren, bemerken wir zwei schneebedeckte Hügelkuppen weiter eine große Rentierherde, die tendenziell auf uns zukommt. In freudiger Erwartung, eine so große Herde aus der Nähe beobachten und fotografieren zu können, schauen wir immer wieder interessiert in ihre Richtung. Zur Zeit scheinen die Tiere ein Päuschen eingelegt zu haben; es tut sich nicht viel.

Zwischenzeitlich hat Jens nicht weit von unserem Standort ein schönes steiles Stück Schneefeld entdeckt, auf dem man bestimmt gut rutschen kann.

Anmerkung: die ganze Bergflanke - auch dort, wo die Rentiere sich gerade aufhalten – ist ein einziges riesiges Schneefeld.

Jens will später noch rutschen; ich will gegebenenfalls die Rentiere verfolgen, falls sie doch nicht in unsere Richtung kommen sollten.

Die Nudeln werden in zwei Durchgängen aufgenommen und füllen die Bäuche wirksam. Mittlerweile ist auch klar, dass die Rentiere doch nicht mehr zu uns kommen werden. Also schnappe ich mir meinen Fotokrempel und Jens seine Rucksackhülle (als Rutschunterlage) und wir stiefeln los.

Es folgt eine etwa 2-stündige Odyssee über Schnee und Schnee und nochmals Schnee. Damit wir die Tiere nicht unnötigerweise erschrecken, wollen wir einen großen Bogen schlagen und uns vorsichtig annähern. Der Bogen führt auch an Jens Rutschbahn vorbei. Beim Näherkommen bemerken wir drei kleine Steinfelder, die aus dem Schnee lugen und wie 2 Augen und ein Mund aus der Ferne wirken. Nur die „Nase" fehlt.

„Kein Problem, mache ich eben die Nase", meint Jens und saust los. Ich bleibe stehen und dirigiere ihn über etwa 200 m hinweg an die richtige Position. OK- perfekt. Foto klick und Ende der Aktion.

Während Jens weiter den Steilhang hinauf astet, schließe ich allmählich auf. Dann habe ich ihn erreicht und wir tapern gemeinsam den Rentieren hinterher.

Doch alle Mühe ist vergebens. Die Viecher sind verschwunden. Die einzige Möglichkeit, die nach menschlichem Ermessen bleibt, ist die, dass sie sich in die von unserem jetzigen Standort nicht einsehbare Schlucht des Flusses, dem wir heute gefolgt sind, zurückgezogen haben. Dort gab es nämlich jede Menge Gras und Moos zu fressen.

Da wir nun schon mal oben auf dem „Kamm" sind, genießen wir die weitreichende Rundum-Sicht. Ein herrliches Panorama. Überall diese Schneehäupter und Gletscher und schroffen Zinnen. Und über alldem der weite blaue Himmel.

Nachdem wir uns satt gesehen haben, will Jens auf dem Rückweg doch noch seine Rutschpartie durchführen. Diese soll in zwei Teilstücken stattfinden. Erster Teil – gemäßigt; zweiter Teil – fast senkrecht ca. 30 m runter und dann auslaufend.

Dafür hat er als Rutschunterlage seine Rucksackregenhülle mitgeschleppt. Da der Schnee relativ weich ist, funktioniert der erste Teil nur mit langsamer Geschwindigkeit. Ich will nun auch nicht alleine runterlaufen, nehme meinen Hut als Unterlage und komme auf dem ersten Teil auch nicht besser voran.

Heidewitzka !!

Aber auf dem zweiten Stück – ja, heidewitzka! Da geht die Post ab.
Das macht Spaß. Wir beschließen, diese Maßnahme morgen auf jeden
Fall zu wiederholen. Vielleicht sogar mit den Isomatten als Schlitten.
Die Schuhe sind jetzt endgültig nass. Aber egal, hat Spaß gemacht, der
Ausflug.

Beim dritten Tee bekommen wir doch noch Besuch. Die Rentiere
schauen kurz rein, kommen aber doch nicht so ganz nahe ran. Den
Hauptteil der Herde – schätzungsweise 500 Tiere – können wir in weiter
Ferne ausmachen.

Etappe	Strecke km	Meter auf + ab	Start Level	Ende Level	Gipfel, Flüsse, Seen am Wegesrand
10	4	250	800	1050	Násasvágge Skájdásjtjåhkkå (1307 m) Gletscher Oarjep Ruohtesjiegna
Kumulierte Werte	72	3303			

Zwei im Sarek

Dienstag, 1. Juli

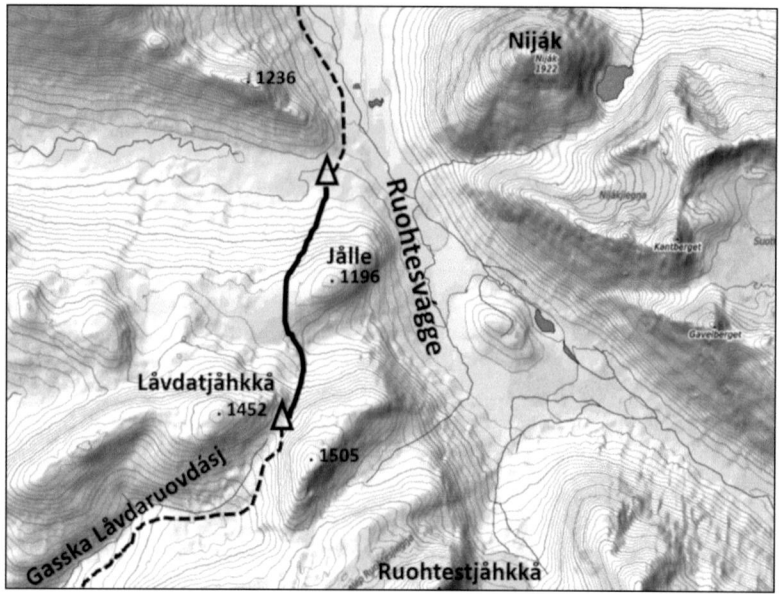

11. Etappe: *Låvdatjåhkkå - Sierggavágge*
ca. 6 km; von 1050 über 1390 m auf 895 m

Wieder ist es brüllend heiß. Wieder ist der Himmel eine einzige blaue Fläche, bis auf den gelben Gasball, der unbarmherzig herniederbrennt. Dadurch, dass wir beide Zelteingänge permanent offen hatten – wir sind ja in der mückenfreien Zone – und so immer ein Luftaustausch gewährleistet war, ist es im Zelt noch eher auszuhalten als draußen. Hier im Fjäll gibt es ja nichts, was Schatten spenden könnte.

Dementsprechend lässig und ruhig lassen wir es angehen. Irgendwann hieven wir den Hintern hoch und gehen runter zu dem rauschenden Hauptfluss, der in direkter Nähe zu uns eine badewannenartige Auswaschung im Ufergestein mit Schmelzwasser füllt. Die „Wanne" ist etwa 2,5 m im Durchmesser und das Wasser geht bis zum halben Oberschenkel. Wir nehmen die obligatorische Ganzkörperwaschung vor – natürlich wieder vor laufender Videokamera – und sind mit einem Mal hellwach. Jetzt wieder fix durch den eiskalten Fluss zurück zum Zelt und anziehen für Teil 2 des Vormittages.

Die Isomatten werden hervorgeholt, einmal in der Mitte geknickt und mit Spannriemen zusammengebunden. Darüber wird jeweils die Rucksackregenhülle gezogen. Fertig ist der „SNOWFIELD SKIPPER", ein Gefährt für wilde Schneefeldabfahrten.

In der Tat, wir machen es wahr. Die Isomatten auf den Rücken geschnallt, gehen wir wieder auf das riesige Schneefeld, auf dem wir gestern die Rentiere gesichtet hatten. Die sind jetzt in diesem Moment auch wieder da. Na, die werden was zu sehen bekommen. Der Aufstieg auf den schneebedeckten Steilhang dauert 30 Minuten. Dann haben wir eine gute Höhe als Startposition erreicht.

Flirrende Hitze auf 1000 m

Und los geht's! Die ersten 2-3 Meter ziert sich der Snowfield Skipper noch (oder sollten wir ihn lieber *Therm-a-fast* nennen?), aber beim Steilhang, als es fast in den freien Fall geht, legt er richtig los.

Die Beschleunigung ist trotz des weichen Schnees enorm und die ganze Fahrt dauert bestimmt 15-20 Sekunden. Ein Heidenspaß, auch wenn das vierbeinige Publikum der Sache nur wenig abgewinnen kann.

Mit sonnigem Herzen schlendern wir zurück zum Zelt, wo jetzt erstmal gefrühstückt wird. Mittlerweile ist es schon fast 12 h. Es wird immer heißer und unser Wille, weiterzugehen immer schwächer. Wir beschließen, die „Mittagsglut" abzuwarten und am Nachmittag den Aufstieg von 1050 auf 1350 m anzugehen. In der Zwischenzeit lümmeln wir uns in die Botanik oder ins Zelt und dösen vor uns hin.

Irgendwann am Nachmittag raffen wir uns doch auf. Es geht sofort steil bergan, denn wir wollen über den Berg rüber ins nächste Tal. Das

Schmelzwasser lässt kaum ein paar Quadratzentimeter Boden trocken. Wir gehen entweder über vollgesogenen matschigen Boden oder über Schnee. Dabei sind die zahlreichen Schneefelder an ihren Rändern und dort, wo unter ihnen Wasser fließt, mittlerweile schon so aufgeweicht, dass sie unser Gewicht an diesen Stellen nicht mehr tragen. Oft, sehr oft, versinken wir von einem Schritt zum anderen plötzlich bis zur Hüfte im Schnee und das geht in der Regel dann alle 5 –6 Schritte weit so. Man kann sich gut vorstellen, wie kraftraubend solche Situationen sind, wenn man sich umständlich aus den Schneelöchern wieder befreien muss.

Nach etwa 1 ½ Stunden sind wir endlich auf dem Sattel angekommen. Jetzt müssen wir wieder runter. Auch wieder sehr steil. Dabei stellen sich 2 Möglichkeiten dar: erstens über schäbiges, loses Geröll – auch immer wieder von Schneefeldern unterbrochen – sehr langsam und sehr vorsichtig absteigen, oder zweitens ein ähnlich steiles Schneestück wie unsere morgendliche Abfahrt herunterzugehen. Na, es ist sogar noch etwas steiler. Wir entscheiden uns für die zweite Möglichkeit. Nach 3 Schritten meint Jens, dass wir die Rucksäcke eigentlich absetzen und neben uns her rutschen lassen könnten. Gute Idee. Steil genug, um auf dem Hosenboden herunterzurutschen, ist es allemal.

Ich schnalle noch meine Rucksackhülle um das Gurtzeug, damit der Gleitwiderstand, wenn der Sack auf dieser geraden Seite liegt, etwas herabgesetzt wird und stelle dabei fest, dass der Rucksack fast von allein losrutschen will. Was dann folgt, wird in die Annalen der Sarek-Wanderungen eingehen. Vergesst Bungee-Jumping oder Wildwasser-Rafting. Der neue Kick heißt: Rucksack-Riding!!

Kaum, dass wir festgestellt haben, wie gut die Dinger rutschen, hat sich jeder rittlings auf seinen prallen Gepäckcontainer geschwungen und schon geht's los. JIPPPIEEE!!! Gut 100 Höhenmeter, wenn nicht mehr, legen wir inklusive Vorbereitungen in weniger als 5 Minuten zurück. Über das Geröll hätten wir locker 1 – 2 Stunden gebraucht. Diese Aktion hätte ich gerne als unbeteiligter Dritter gesehen. Wie sich zwei Halbnormale auf ihre Rucksack-Broncos schwingen und zu Tal reiten.

Etappe	Strecke km	Meter auf + ab	Start Level	Ende Level	Gipfel, Flüsse, Seen am Wegesrand
11	6	835	1050	895	Låvdatjåhkkå (1445 m) Jålle (1190 m)
Kumulierte Werte	78	4138			

Mittwoch, 2. Juli

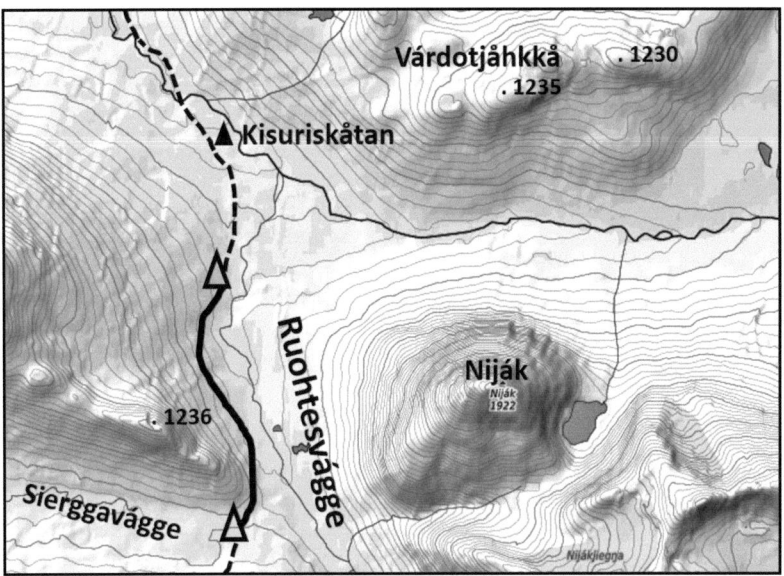

12. Etappe: *Sierggavágge – Nijakjågåsj*
ca. 3 km; von 895 m auf 830 m

Frühmorgens; ich strample mich frei. Es ist schon wieder heiß im Zelt. Gegen 9 h haben wir 30 Grad hier drin. Lethargie. Kein Antrieb. Draußen sind es 2-3 Grad weniger. Viel zu heiß zum Laufen, viel zu heiß, um im Zelt zu liegen. Zu viele Mücken, um draußen zu liegen. Verfluchtes Trilemma. Wir bauen uns eine Zeltklimaanlage.

Vom nächsten Schneefeld schleppen wir mehrere wasserdichte Säcke voll Schnee zum Zelt und kippen in den Apsiden kleine weiße Berge auf. Die letzten beiden Fuhren werden längs des Zeltes außen abgeladen. Es scheint etwas zu helfen. Bei 33 Grad Zeltinnentemperatur hört das Thermometer auf zu klettern.

Wir beschließen, erst gegen 18 Uhr aufzubrechen. Mittlerweile ist Suppertime. Heute soll es Kaiserschmarrn geben, der uns bei der letzten Wanderung, Anno Domini 2000, wegen Fettmangels so misslungen ist. Funzt heute dank Fettzugabe aber wunderbar und schmeckt gut.

Später ziehen wir etwas unmotiviert weiter. Nach knapp 3 Minuten legen wir bereits die erste Pause ein – eine kleine Herde Rentiere ist nur etwa 50 m entfernt auf einem Schneefeld. Die Vierbeiner werden beobachtet bis sie uns bemerken und gemächlich davon trotten.

Bis zum Talgrund sind es ca. 150 Höhenmeter. Ein Großteil des Abstiegs führt wieder über schäbiges Geröll. Jens fällt ein langgezogenes Schneefeld ins Auge, das etwa bis zwei Drittel hinunter reicht.

„Rucksack-Riding?!"

„Klaro!"

Geht aber leider nicht. Es ist nicht steil genug und der Schnee ist zu weich. Wir bleiben trotzdem auf dem Schnee und ziehen die Säcke wie Schlitten hinter uns her.

Schließlich landen die Rucksäcke wieder auf den Rücken und es geht auf herkömmliche Art weiter. Blödes Gelände und scheiß Mücken. Eine halbe Stunde später kommen wir an einem kleinen Teich vorbei, in dem 3 kleine Eisberge schwimmen.

Jens meint, sich abkühlen zu müssen und setzt sich nackend auf den mittleren Eisberg. Machen wir also eine Fotosession in Anlehnung an Rodins „Denker". Das Eis ist schweinekalt, das umgebende Wasser jedoch lauwarm.

Wir pingeln uns wieder an und trotten weiter, vorbei an Überresten von Rentieren (Wirbelsäulen, Rippen) und immer umschwärmt von Myriaden von Mücken.

Wir wollen bis zum nächsten Fluss gelangen, der linker Hand aus den Bergen kommt. Er heißt Nijakjågåsj. Diesen erreichen wir auch und schlagen das Zelt etwas oberhalb des Wasserlaufs auf, in der Hoffnung, den Mücken zu entgehen – *hahaha*.

Etappe	Strecke km	Meter auf + ab	Start Level	Ende Level	Gipfel, Flüsse, Seen am Wegesrand
12	3	65	895	830	Nijakjågåsj Niják (1922 m) Nijákskájdde
Kumulierte Werte	81	4203			

Donnerstag, 3. Juli

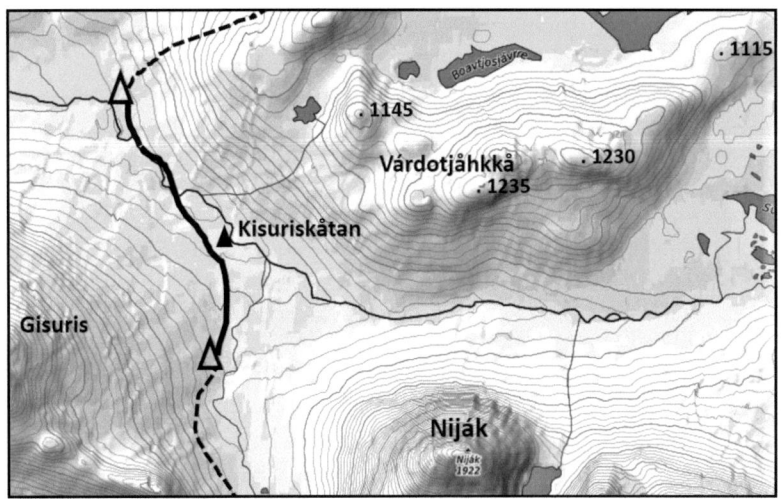

13. Etappe: Nijakjågåsj - Sjnjuvtjudisjåhkkå
ca. 5 km; von 830 m auf 700 m

Es ist kurz vor 6 h und 30 Grad heiß. So langsam bekomme ich Beklemmungen. Gegen 9 h setzt langsam leichte Atemnot ein. Es muss etwas geschehen.

Knapp 50 m oberhalb des Zeltes befindet sich ein Schneefeld. Wir testen den Mückenbefall dort. Hmm, etwas weniger als ums Zelt herum.

Wir bauen eine Kühlkammer. Diese Wanderung verlangt uns einiges ab. Auf dem abschüssigen Schneefeld graben wir mit Pfannen und dem mitgeführten Beil eine ebene Vertiefung von etwa 1 x 2 Meter, in die nachher die beiden Isomatten gelegt werden sollen. An den vier Ecken werden die Wanderstöcke senkrecht eingeschlagen und an diesen mit unseren Seilen ein Geflecht befestigt, auf das die ausgebreiteten Schlafsäcke schattenspendend drapiert werden.

Welch' eine Aktion! Doch das Werk gelingt und wir legen uns komplett ausstaffiert mit langärmeligem Hemd, Hose, Stiefeln und Mückennetz um den Kopf nieder.

Man muss zwar etwas in die Höhle hineinkriechen, aber wenn man es geschafft hat, empfängt einen wohltuende Kühle. Auf Dauer sogar zu kühl. Bald schon wird es zu kalt und wir legen zusätzlich noch die Jacken an.

Fantastisch! Von Mücken umschwirrt, voll aufgerüscht und darauf bedacht, möglichst keinen Fitzel nackter Haut offen zu lassen, liegen wir da wie in einem Kühlhaus und versuchen, noch etwas zu schlafen. Das gelingt allerdings nur mäßig.

Gegen 14 h trauen wir uns wieder in Richtung Zelt, weil wir noch etwas essen wollen. Und nachher soll es ja noch weiter gehen

Inzwischen haben sich über dem Áhkká-Massiv im Norden (etwa 10 km voraus) und viel weiter im Süden Wolken gebildet. Über dem Berg Áhkká sind es nur einzelne Quellwolken, während im Süden massive Wolkenbänke aufziehen. Jetzt, gegen 15 h, kommt ein leichtes Lüftchen auf, das etwas Linderung gegen die Hitze bringt. In SüdSüdOst bilden sich auch mehr und mehr Eiswolken. Sollte sich das Wetter etwa ändern?

Um 17 h geht's weiter. Wir folgen nicht dem eingezeichneten Pfad, der dem sich windenden Flusslauf folgt, sondern lassen eine große Biegung, die der Fluss macht, aus und gehen von unserem Zeltplatz geradewegs auf das angepeilte Tal neben dem Áhkká-Massiv zu. Ausgedehnte Weidengürtel legen sich uns in den Weg, durch die wir einen Durchschlupf finden müssen. Doch auch die Weiden lassen wir später hinter uns zurück. Auf einer kleinen Anhöhe passieren wir eine uralte, halbverfallene Lappen-Kohte, eine Erdhütte, deren Grundgestell dicke Holzstangen sind, auf die Erdsoden aufgelegt worden sind. Im Dachbereich hatte man seinerzeit breite Bahnen Birkenrinde unter die Erdsoden gelegt. Vermutlich, um zu verhindern, dass Regenwasser in die Hütte gelangt.

Der Fluss vor uns - nennen wir ihn der Einfachheit halber Sjnjuvtjudisjåhkkå -, wird immer breiter. Wenn wir durch das o.g. Tal wollen, müssen wir bald ans andere Ufer wechseln.

Dabei ist es schwierig, eine geeignete Stelle zu finden. An den Stromschnellen ist das Wasser ziemlich tief. Schließlich wählen wir einen Parcours, der in Schlangenlinien durch das weitläufige Flussbett führt. Zunächst geht es ganz gut. Die Wassertiefe geht bis max. kurz übers Knie. Die Teleskopstöcke funktionieren bei der Wat-Aktion gut als drittes Standbein. Dann fehlt nur noch das letzte Stück – etwa 3 m. Das Wasser wird tiefer – fast bis zum Po und die Strömung ist ziemlich stark.

Ich stehe an einem Felsen und finde keinen festen Stand für den nächsten Schritt. Die Strömung wird immer stärker. Ich stehe unschlüssig an meinem Felsen und werde etwas unsicher. Selbst in diesen Minuten lassen uns die Schweinemücken nicht zufrieden. Jens steht hinter mir und versucht 2 Schritte weiter flussabwärts die letzten Meter zu schaffen. Es gelingt ihm. Ich versuche, mit dem Gesicht zur Strömung gewandt, die 2 Schritte vorsichtig flussabwärts zu gehen, ohne das Gleichgewicht zu verlieren. Bange Sekunden für mich. Wenn ich stürze, muss ich mich sofort vom Rucksack trennen, damit er mich nicht auf den Grund zieht. Ich muss mich überwinden, den ersten Schritt in die noch stärkere Strömung zu tun.

Es hat geklappt. Jetzt den zweiten. Das Wasser wird noch etwas tiefer und beim dritten Schritt bin ich plötzlich bis zur Taille drin. Noch zwei etwas wacklige Schritte, bei denen ich mich schon baden gehen sehe, dann bin ich wohlbehalten drüben. Das war nicht die optimale Wat-Route.

Mann, das war die schwierigste Wat, die ich je hatte.

Der Sjnjuvtjudisjåhkkå

Wir schleppen uns auf die nächste Anhöhe direkt über der Watstelle und errichten gleich das Zelt. Während wir das tun, kriecht eine einsame, nebelartige Wolke über eine Kante des Áhkká-Massivs und beschert uns ein schönes Bild.

Das Zelt steht und es gibt einen Tee. Trotz der fortgeschrittenen Tageszeit hat der Lorenz auch um 20 h noch immer Kraft für Zwei. Wir legen uns ins Zelt, beide Eingänge zum Lüften offen und fangen soviele Mücken wie möglich sofort beim Einflug in den „Tunnel of Death" ab.

Die, die nicht sofort „aufgerieben" werden, sterben teilweise einen langen Tod – wenn sie Jens, *dem Schlächter*, in die Hände fallen. Der lebt seinen geballten Hass auf diese Ausgeburten der Hölle aus und operiert gefangenen Delinquenten erbarmungslos und ich möchte sogar sagen, mit diebischer Freude, diverse Extremitäten ab. Von den Beinen über die Flügel bis hin zum Rüssel. Manchmal macht er mir Angst, der Sachse.

Mit der Zeit türmen sich die Mückenleichen auf dem Zeltboden, halten aber die anderen nicht davon ab, uns weiterhin gnadenlos anzugreifen. Das ist der Fluch des schönen Wetters. Die Natur kotzt diese missratene Brut in die Welt hinaus und kein Mensch weiß, wozu sie eigentlich gut sein soll.

Etappe	Strecke km	Meter auf + ab	Start Level	Ende Level	Gipfel, Flüsse, Seen am Wegesrand
13	5	130	830	700	Suottasjjåhkå Kisuriskåtan Sarek Nationalparkgrenze
Kumulierte Werte	86	4333			

Freitag, 4. Juli

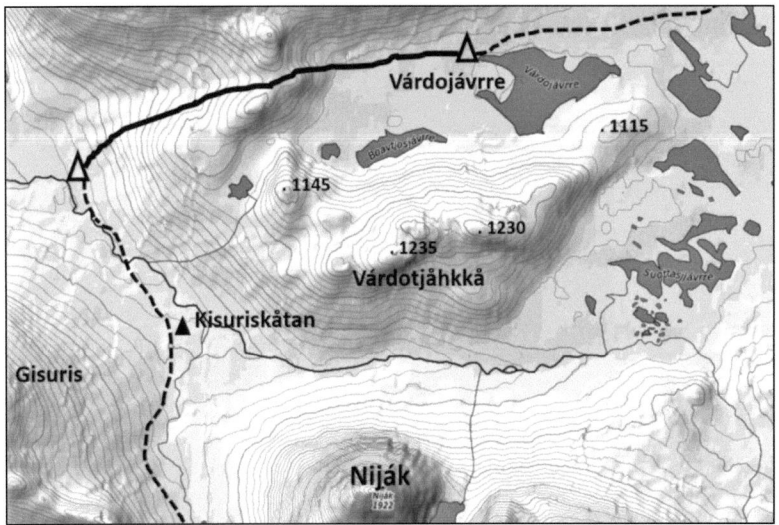

14. Etappe: *Sjnjuvtjudisjåhkkå– Várdojávrre*
ca. 7 km; von 700 m über 1100 m auf 920 m

Frühmorgens: im Tal sammeln sich Wolken und Nebel. Es ist nicht mehr so heiß wie in den letzten Tagen. Wird das Wetter sich nun ändern?

Wenige Stunden später ist das Zelt wieder wärmer. Aber nicht ganz so unangenehm. Der Nebel ist weg und es stehen noch einige dünne Eiswolken am Himmel, die die Sonnenglut etwas mildern. Es ist deutlich angenehmer so.

Wir haben uns eine Planänderung überlegt. Anstatt durch das schmale Tal, das wir gestern angepeilt hatten, zu gehen und den Rest auf dem Badjelánndaled(Padjelanta-Weg) zurückzulegen, wollen wir nunmehr von hier aus das Áhkká-Massiv gegen den Uhrzeigersinn umrunden. So schlagen wir einen größeren Bogen (ca. 30 km) und müssen nicht 6 Tage auf 18 km vertrödeln. Außerdem gehen wir dann ab morgen die Wegstrecke, die wir bei erster Planung von Rijtjem (Ritsem) aus gegangen wären. Nur in die entgegengesetzte Richtung natürlich.

Es ist immer noch warm und der Anstieg beginnt unmittelbar. Wir müssen von 700 auf 1200 m hinauf, um über den Pass zu kommen. Immer an der Südseite des Áhkká-Massivs entlang. Die schroffen Gipfel beobachten unser Geschnaufe und Gestolper. Eigentlich hatte ich mit meinen Beinen vertraglich schon abgemacht, in den letzten Tagen nur noch bergab zu gehen. Tja, Satz mit „x"!.

Ich bin schon ziemlich ausgepowert und schleppe mich stellenweise Schritt für Schritt höher.

Oben angekommen, stellen wir fest, dass aus der Idee, auf 1000 m an der Bergflanke entlang zu gehen, nichts wird. Erstens sind wir nicht direkt an der Áhkkáflanke und zweitens wäre sie zu steil. Wir müssen also runter ins steinige Tal. Hier ist es eher mondlandschaftsmäßig.

Noch etwas unschlüssig, wo wir lang gehen sollen, fällt uns ein sehr steiles Schneefeld –sehr, sehr steil – ins Auge, das ca. 80 – 100 Höhenmeter hinunterreicht. Ziemlich direkt, muss ich sagen.

Ich weiß genau, was in Jens vorgeht und als er mich mit diesem lausbübischen Blick ansieht.

„Oh, nein. Kein Rucksack-Riding hier runter. Das ist fast senkrecht!"

Wir stehen an der Oberkante des Schneefeldes und können den „Hang" etwa 5 m weit mit Blicken verfolgen. Dann kommt eine Kante und das nächste, was wir sehen können, ist der „Auslauf" des Feldes weit unten.

„Wieso, der Auslauf ist doch lang genug und das Schneefeld ist durchgängig. Keine Steininseln dazwischen – hab ich geprüft."

Jens ist nur schwer zu überzeugen. Trotzdem, Rucksack-Riding ist eben unkontrollierbar und bei diesem Gefälle hier ist nicht abzusehen wie hoch die Geschwindigkeit sein wird.

Wir einigen uns auf Rucksack-Sliding (schon wieder was Neues!), d.h. wir legen den Rucksack vor uns auf den Schnee, halten ihn an irgendwelchen Schnüren fest und rutschen auf dem Po hinterher. Wird zwar wieder einen nassen Arsch geben, aber egal. Jens brettert voraus, ich folge. Anscheinend mache ich etwas falsch. Mein Rucksack legt sich eigenmächtig auf die Seite, ich lasse ihn los und rutsche auf dem Rücken liegend weiter, fast bis zu Jens, wobei ich meinen Rucksack überhole. Der kommt – sich einige Male überschlagend – nach.

Und schon sind wir unten. Jens Messgerät weist eine Geschwindigkeit von 25 km/h nach. Was das bedeutet? Ist doch klar: Das heißt, die Plane geschultert und ohne Rucksäcke nochmal hochgeklettert. Noch eine Abfahrt, diesmal bäuchlings über das wellige Schneefeld, das einem jede Unebenheit in den Bauch bumpert.

Ok, Spaß gehabt und weiter. Wir sehen den großen Várdojávrre etwa gut 2 km weiter vor uns. Den wollen wir erreichen, weil auf dem Weg dorthin im weitläufigen Geröll kaum eine Möglichkeit zum Zelten besteht. Der See liegt auf etwa 920 m und ist zur Hälfte noch mit Eis bedeckt. Auch um den See herum gibt es kaum ein Plätzchen fürs Zelt. Also beschließen wir als zweites Highlight des Tages, das Zelt auf einem Schneefeld zu errichten, das sanft in den See abfällt.

Weitere, spätere Erkundungen zeigen, dass der See außergewöhnlich tief sein muss. Am Ende unseres Zeltgrundes, wo das Wasser beginnt, ist schon eine Tiefe von etwa 4 –5 m zu verzeichnen.

Mittlerweile hat sich in der Körpermitte reichlich Kohldampf angesammelt. Jens kocht mit unseren begrenzten Küchenutensilien Spaghetti Napoli, wobei es schon eine Kunst ist, eine Packung Spaghetti auf 2 Töpfe zu verteilen, in der Pfanne die Sauce zusammenzurühren und anschließend alles warm zu servieren. Nebenbedingungen: starker, kühler Wind und als Abstellfläche für die Töpfe steht nur das durch die Sonne angewärmte Schneefeld zur Verfügung.

Mit reichlich Pasta im Bauch mache ich eine kleine Fotosafari und dann geht es ab ins Bett. Schade nur, dass der Zeltboden auf Dauer durch unsere Körperwärme nass wird. Schau'n mer mal, wie es morgen aussehen wird.

Etappe	Strecke km	Meter auf + ab	Start Level	Ende Level	Gipfel, Flüsse, Seen am Wegesrand
14	7	580	700	920	Rákkasoalgge (1100 m) See Várdojávrre
Kumulierte Werte	93	4913			

Samstag, 5. Juli

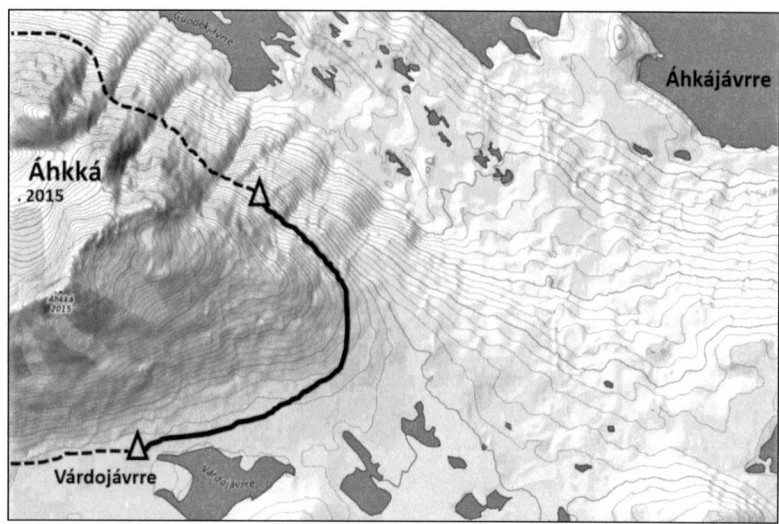

15 Etappe: Várdojávrre - Ostflanke Áhkká-Massiv
ca. 5 km; bleiben auf ca. 950 m

Scheiße geschlafen. War ziemlich kühl im Schlafsack. Irgendwann so gegen 4 h habe ich noch Hose und Pulli übergezogen. War trotzdem ungemütlich. Besonders die Verrenkungen, die man machen muss, damit man ja nicht neben der Isomatte auf dem nasskalten Zeltboden landet. Jetzt ist es kurz nach 9 h. Der Wind von gestern Abend ist total weg. Dafür haben uns ein paar unentwegte Mücken hier aufgespürt. Der Himmel ist voll bewölkt. Bin gespannt wie das wettermäßig bei dem fehlenden Wind weitergeht. Wir dösen noch weiter. Bis wir mit der Morgenroutine fertig sind, ist es 13 h und die Wetterlage unverändert.

Nachdem wir einmal gestartet sind, kommen wir gut voran, auch wenn viel Geröll im Weg liegt. Erst allmählich kommen Flecken des großen Áhkajávrre in Sicht. Man sieht deutlich, wie wenig Wasser im See ist. Viele Felseninseln, die bei normalem Pegelstand gerade mal den Wasserspiegel durchbrechen, liegen frei. Wir umrunden der Berg Áhkká auf einer Höhe von etwa 1000 m, so dass wir dem Rávdojávrre, dem letzten großen See vor Erreichen des Bootsanlegers auf dem Áhkajávrre, schon recht nahe kommen.

Nach knapp 6 km suchen wir einen Zeltplatz, was hier nicht so einfach ist. Doch wir haben Glück und finden einen, von dem aus ein prächtiger

Áhkajávrre

Blick auf den Áhkajávrre und auch auf den Rávdojávrre möglich ist. Noch liegt alles unter grauen Wolken. Darüber hinaus haben wir einen Temperatursturz von 20 Grad auf nunmehr schlappe 8 Grad erfahren. Mit Temperaturen der letzten Größenordnung hatten wir eigentlich von Anfang an gerechnet, nicht aber mit einer solchen Hitzeperiode wie in den letzten 2 Wochen. Heute ist der 16. Tag und gleichzeitig der erste Tag ohne Sonnenschein.

Pünktlich um 18:30 h beginnt der Regen. Zunächst fein, dann immer kräftiger trommelt er aufs Zelt. Draußen ist alles grau in grau. Kein Wind geht, der die Wolken verjagen könnte. Und ich habe ein Problem: Ich muss mal, und zwar dringend und umfassend. Toll! Wenn es ja wenigstens etwas wärmer wäre. Es bleibt mir nur übrig, in Unterhose und Regenjacke den Unbilden des Wetters zu trotzen. Ich habe aber keine Lust dazu. Werde noch so lange wie möglich warten in der Hoffnung, dass der Regen etwas nachlässt – oder aufhört? Aber damit ist wohl nicht zu rechnen.

Etappe	Strecke km	Meter auf + ab	Start Level	Ende Level	Gipfel, Flüsse, Seen am Wegesrand
15	5	30	920	950	Dubbeltoppen (1830 m) Borgtoppen (1963 m)) Stortoppen (2015 m)
Kumulierte Werte	98	4943			

Sonntag, 6. Juli

Es regnet fast die ganze Nacht und den ganzen Morgen. Ab und zu gibt es mal eine kurze Schauerpause. Jetzt, kurz vor Mittag, zeigen sich zwei große Löcher in der Wolkendecke, durch die der blaue Himmel zu sehen ist. Wir erleben wieder einmal das Lappland-Syndrom – die Gleichzeitigkeit von Sonne und Regen. Auf Jens Zeltseite steht die Sonne, auf meine prasselt der Regen.

In Marschrichtung hängt noch alles voller Wolken. Wir können nur abwarten und jetzt erstmal frühstücken.

17:30 h – so langsam tut alles weh vom Rumliegen und Herumwälzen. Die letzte dicke dunkle Wolke hat sich scheinbar soweit erleichtert, dass sie nicht mehr an unserem Hang klebt, sondern endlich den Weg über den Áhkká geschafft hat. Das Wetter scheint sich bessern zu wollen, auch wenn wir weiterhin mit vergleichsweise schlappen 13 Grad leben müssen.

Heute werden wir wahrscheinlich doch nicht mehr weitergehen, sondern stattdessen etwas essen.

Während wir weiter vor uns hin dösen, klart der Himmel weiter auf. Wir gehen morgen weiter.

Muss kurz vor Mitternacht noch mal raus. Tolles Lichterspiel auf dem See zu meinen Füßen. Die Mitternachtssonne ist fast ganz verdeckt von einer Wolkenbank, schickt aber doch ein Bündel Strahlen auf den Rávdojávrre, den sie rötlich golden glänzen lassen.

Die Fernsicht auf die Berge im Nordwesten ist herrlich klar. Und noch immer kleben Wolkenreste an den Gipfeln.

Es ist kühl geworden. Im Zelt sind es sieben Grad, hier draußen vermutlich nur knapp über Null Grad.

Solange wir Wasser haben, wo der Fisch lebt,
solange wir Wälder haben, wo das Wild sich verbirgt,
solange wir Land haben, wo das Ren weidet und wandert,
solange haben wir Trost auf dieser Erde (...)

Paulus Utsi

Zwei im Sarek

Montag, 7. Juli

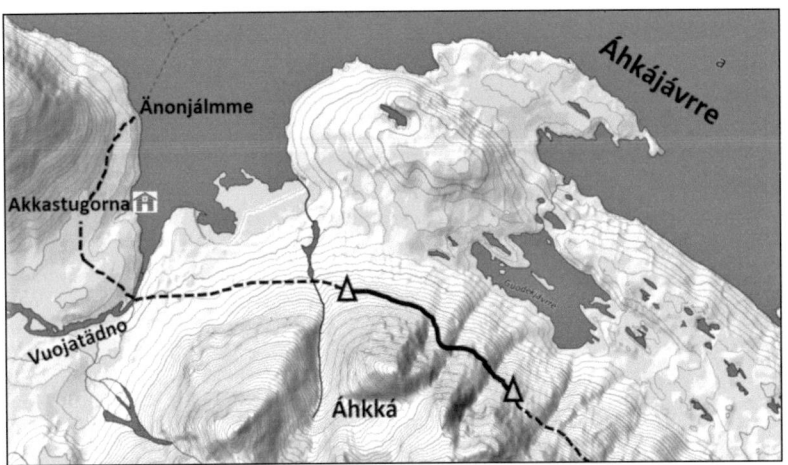

16. Etappe: *Ostflanke Áhkká-Massiv – Nordflanke Áhkká-Massiv
ca. 7 km; von 950 m auf ca. 600 m*

Kein blauer Himmel heute Morgen, aber bei geschlossener Wolkendecke ist es zunächst trocken. Eine dunkle Wolke klebt wieder am Áhká. Ich befürchte wieder Regen. Jens rührt sich nicht. Irgendwann gegen 8:30 h brülle ich „AUFSTEHEN!" durch unsere orangerote Halle. Vergeblich. Mit Hinweis darauf, dass heute die Sonne scheinen wird, dreht er sich nochmal auf die andere Seite. Wenige Minuten später tröpfeln die ersten Nieselstippen aufs Zelt. Plötzlich richtet sich ein entrüsteter Jens auf: „Was soll das denn jetzt?" und wird schlagartig frühstücksaktiv.

Bäh, ich kann diesen Milchpapp schon langsam nicht mehr sehen. Zum wiederholten Male wünschen wir uns ein Brötchen, Kaffee, Eier und irgendein Sitzmöbel. Na, spätestens übermorgen, wahrscheinlich schon morgen Abend, wird es wahr werden.

Der Nieselregen hört auf, beginnt wieder und hört wieder auf. Ohne Hast packen wir zusammen – letztlich doch im Trockenen.

Wir sind noch auf etwa 1000 m Höhe und müssen auf jeden Fall zügig mindestens 200 m tiefer kommen, ansonsten werden wir an einer Steilwand festhängen.

Das Gelände ist äußerst beschwerlich zu begehen. Es wechselt zwischen nacktem Geröll, dicht mit Moosen und niederem Kraut bewachsenen Fels und sumpfigen Passagen. Und immer wieder eingeflochtene

Wegstücke mit zähen Weidenbüschen, die umso höher wachsen, je tiefer wir absteigen.

Besonders der bewachsene Fels ist schwierig zu meistern, weil hier immer wieder kleinere Steine dicht unter der der Pflanzendecke verborgen dafür sorgen, den Fuß ohne Vorwarnung seitlich und mitunter schmerzhaft wegknicken zu lassen. Das Gelände ist wirklich gemein zu uns. Alle naselang ist spontanen Einkerbungen in der Erdoberfläche auszuweichen – vorzugsweise bergan. Mir fällt es heute besonders schwer, weil mir von dem andauernden Verkanten der Füße dieselben schon ziemlich schmerzen. Außerdem ist bei mir merklich die Luft raus. Jeder Meter bergauf fällt mir heute schwerer und schwerer.

Wir haben schon ein gutes Stück geschafft. Eigentlich könnten wir für heute Feierabend machen. Leider ist nirgendwo Wasser zu finden. Alles ist grün und überwuchert mit Pflanzen – auch mit Birken, denn wir sind mittlerweile schon 600 m abgestiegen -, aber es ist kein Wasserlauf zu finden. Es hilft nichts – wir müssen solange weiter, bis zumindest ein plätscherndes Bächlein vorbeigerauscht kommt. Also folgen wir weiter den Elchpfaden durch Gräben und mannshohe Weidensträucher, machen große Schritte über riesige Elchköttelhaufen. Es sind die Haufen mit dem harten Sommerschiss, gegenüber dem breiigen Winterschiss.

Bald schon haben wir Glück. Aus einem kleinen Schneefeld etwa 50 m höher tröpfelt ein schmaler Bach, mehr ein Rinnsal, daher. Nicht weit davon entfernt finden wir einen einigermaßen ebenen Flecken fürs Zelt. Praktisch inmitten einer ausgedehnten Elchlosung. Kleinere Birkengrüppchen sind auch dicht bei. Der Lagerplatz gilt als auserkoren und sofort denken wir an geröstete Salami.

Kaum, dass das Zelt steht, machen wir ein schönes, gepflegtes Feuer auf einem freigelegten Stück Erde und verdrücken eine ¾ Salami mit BBQ-Sauce. Anschließend gibt es noch einen Kaiserschmarrn, womit wir dann endgültig abgefüllt sind.

(Feuerstelle: Moosteppich ausgeschnitten, aufgerollt, Feuer auf blanker Erde, Moosteppich hinterher wieder neu verlegt --> keine Spuren).

Das Feuer lassen wir kontrolliert ausbrennen und gönnen uns nacheinander an dem kleinen Bach unter Zuhilfenahme der Töpfe als Gussbehälter eine erfrischende Ganzkörperwaschung. Leider teilweise im Nieselregen, der jetzt wieder stetig fällt. Hoffen wir, dass es morgen wieder etwas trockener wird.

Jens frönt im Inneren des Zeltes wieder seinem Hobby: Mücken operieren. Frankenstein hätte seine helle Freude an ihm. Heute will er eine Wandermücke generieren, die ohne Flügel auskommt. Na, ob die *geht*!?

Etappe	Strecke km	Meter auf + ab	Start Level	Ende Level	Gipfel, Flüsse, Seen am Wegesrand
16	7	350	950	600	Áhkká-Massiv See Rávdojávrre
Kumulierte Werte	105	5293			

Herzerwärmende Feststoffnahrung

Dienstag, 8. Juli

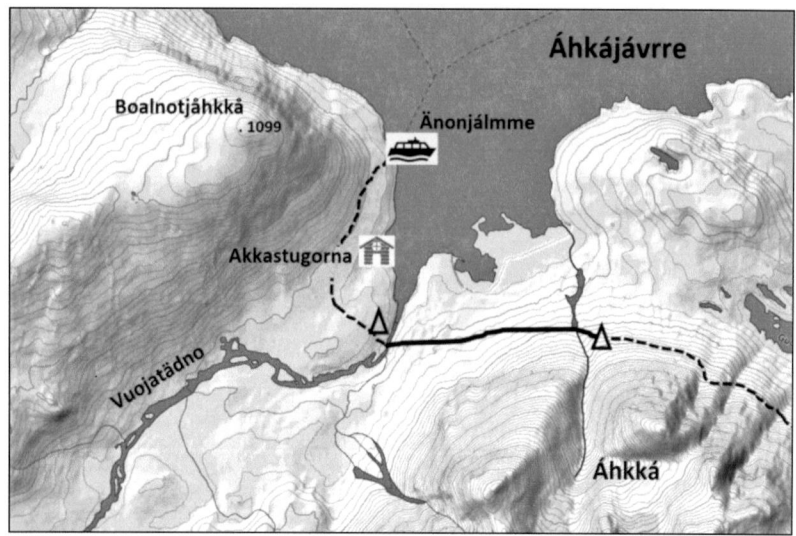

17. Etappe: *Nordflanke Áhkká-Massiv – Vuojatädno (Brücke)*
ca. 5 km; von 600 m auf 500 m

Wolkenloser, blauer Himmel um 3 h, als ich mal wieder pinkeln muss. Trotz der frühen Stunde ist nach wie vor kein Elch zu sehen. Naja, Schuhe zum Trocknen in die Sonne gestellt und wieder in den Schlafsack gekrochen.

Später wird's wieder wärmer, besonders dann, wenn die Sonne aufs Zelt knallt. Jens wird überhaupt nicht wach. Wenn wir überhaupt noch eine Chance für das Boot nach Rijtjem haben wollen, müssen wir allerspätestens um 11 h aufbrechen.

Ich gehe schon mal spülen - den Dreck von gestern beseitigen. Brauche eine gute halbe Stunde für die verkohlten Töpfe und die Pfanne. Jens pennt noch immer.

Schließlich starten wir erst um 11:30 h.

Der Weg ist weiterhin anstrengend. Doch noch später als erwartet erreichen wir den Fluss, der aus dem Hambergsjökel herunter kommt. Vor uns liegt ein gewaltiges, zur Zeit kaum mit Wasser gefülltes Flussbett. Millionen und Abermillionen von Steinen – Abraum aus dem Gletscher – liegen in allen Größen hier herum und haben sich in Form von einzelnen Gräben drapiert, deren „Wände" teilweise 2-3 Meter hoch sind. Das gesamte Flussbett ist hier mindestens 30 m breit. Kaum vorstellbar, wenn es in voller Breite und bis zum Rand gefüllt ist. Welche Wassermassen müssen dann zu Tal donnern und immer neue Felsen mit sich reißen, um sich dann schließlich in den Áhkajávrre zu ergießen. Trotz der momentan vergleichsweise geringen Wassermenge kommen wir doch nicht umhin, eine kleine Wat einzuschieben. Auch das hält natürlich auf. Wir haben jetzt schon 12:30 h. Das Boot geht um 15 h und wir müssen noch zur Brücke über den Vuojatädno, ein noch gewaltigerer Strom als der, vor dem wir gerade stehen, von dort über die Hüttenstation Akkastugorna zum Bootsanleger Änonjálmme. Ich denke, wenn wir um 14 h noch nicht an der Brücke sind, wird das Boot ohne uns fahren.

Wir finden einen alten Pfad neben dem großen Fluss und folgen ihm zunächst abwärts. Wir müssen irgendwie rechtwinklig nach Westen abknicken, um zur Brücke zu gelangen. Plötzlich stoßen wir auf eine verwitterte blau-gelbe Markierung. Ein Weg geht genau in die gewünschte Richtung. Das muss der scheinbar nicht mehr gewartete, aber auf meiner alten Karte von 1985 noch eingezeichnete Weg sein. Na prima, immer voran.

Der Weg ist schon ziemlich zugewachsen, doch die eine oder andere Markierung ist immer noch schwach erkennbar.

Bis wir in den Sumpf geraten. Hier hören die Markierungen leider völlig auf. Vor uns tut sich ein ausgedehntes Sumpffeld auf, in dem sich wieder und wieder Inseln von sich wiegendem Wollgras finden. Glücklicherweise gereicht uns die diesjährige Hitzeperiode hier zum Vorteil, indem alles furztrocken ist. So gibt es hier – mit Ausnahme der Mücken – keine Probleme durchzukommen. Wir können jetzt das Ausmaß der „Leere" des riesigen Áhkajávrre richtig ermessen. Nach einer Anhöhe durchqueren wir eine Ebene von rotbrauner Farbe und anhand der vielen Bodenrisse, die von der Trockenheit herrühren, wird uns bewusst, dass wir hier auf dem Grund des Sees entlang marschieren. Wir halten direkt auf die Hütte Áhkástugorna zu, wohl wissend, dass der Vuojatädno noch zwischen ihr und uns auftauchen wird, aber getrieben von der Hoffnung, diesen eventuell durchwaten zu können, ändern wir die Richtung vorerst nicht. Vielleicht können wir so den Umweg über die Brücke sparen. Mittlerweile ist es 13:45 h. Ich sehe schwarz fürs Boot.

Kurze Zeit später stehen wir am Ufer des ebenfalls nicht vollen Vuojatädno und ich weiß, dass wir das Boot für heute abschreiben können.

Trotz der „geringen" Wassermenge wälzt sich der Fluss hier, wenige Dutzend Meter vor dem See Áhká auf etwa 50 m Breite durch die Landschaft. Und noch immer mit reichlich Tiefgang, gewaltiger Strömung und reichlich Getöse.

Also doch erstmal bis zur Brücke und dann weitersehen. Am besten ist, wir suchen im Bereich der Brücke einen schönen Zeltplatz. Dann haben wir es morgen nicht mehr so weit bis zum Bootsanleger.

Auch hier finden wir irgendwann den alten Pfad entlang des Vuojatädno wieder. Teilweise liegen noch ausgebleichte Reste des alten Bohlenpfades über besonders sumpfige Passagen. In geringer Entfernung taucht kurz mal eine Elchkuh auf und verschwindet sofort wieder im Birkendickicht. Der Pfad zieht sich noch etwas hin und gegen 15 h erreichen wir die gigantische Stahlhängebrücke über einen reißenden Vuojatädno. Ich erinnere mich daran, wie er vor genau 20 Jahren im Spätsommer nur knapp unterhalb der Lauffläche der Brücke hindurch geschossen war. Heute ist der Abstand zwischen Brücke und Wasser zwar deutlich größer, der Fluss aber nicht weniger gewaltig. Die Brücke ist schätzungsweise 30 m lang. Steht man in der Mitte und schaut nur hinunter, wird einem schon ganz anders. Wenn man da hineinfällt, dann ist es aus. Ein Schild zwischen den Pylonen verrät: HÖGST 2 PERSONER – also bitte nicht überlasten...

Nicht weit von der Brücke weg, ziemlich nah am Ufer, erwischen wir einen guten Zeltplatz mit Feuerstelle. Nach dem Zeltaufbau kurz gebadet und schon wird die restliche Salami gegrillt. Das Hauptgericht gestaltet heute der zweite Teil des Kaiserschmarrns von gestern.

Brücke über den Vuojatädno

ᴢwei im ᴊarek

Beim Abendspaziergang entdecke ich nur wenige Minuten flussaufwärts einen ruhigen und tiefen Seitenarm des Hauptflusses. Etwa 30 –
40 m lang. Ganz klar, hier wird morgen ausgiebig geschwommen und
gebadet.

Zum Tagesabschluss wird im Zelt noch ein Weilchen „Mückenmeu-
cheln – das Spiel für die ganze Familie" gespielt und dann ist Zapfen-
streich.

Etappe	Strecke km	Meter auf + ab	Start Level	Ende Level	Gipfel, Flüsse, Seen am Wegesrand
17	5	100	600	500	Áhká-Massiv Njirramjåhkå Vuojatädno
Kumulierte Werte	110	5393			

Blick von der Brücke -
Der Vuojatädno ergießt sich in den Áhkajávrre

Mittwoch, 9. Juli

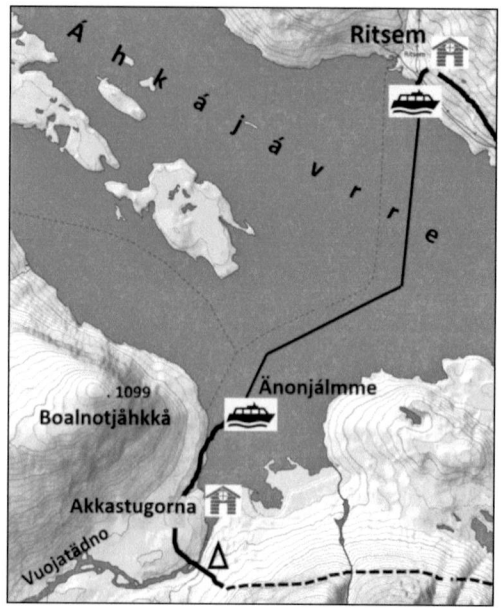

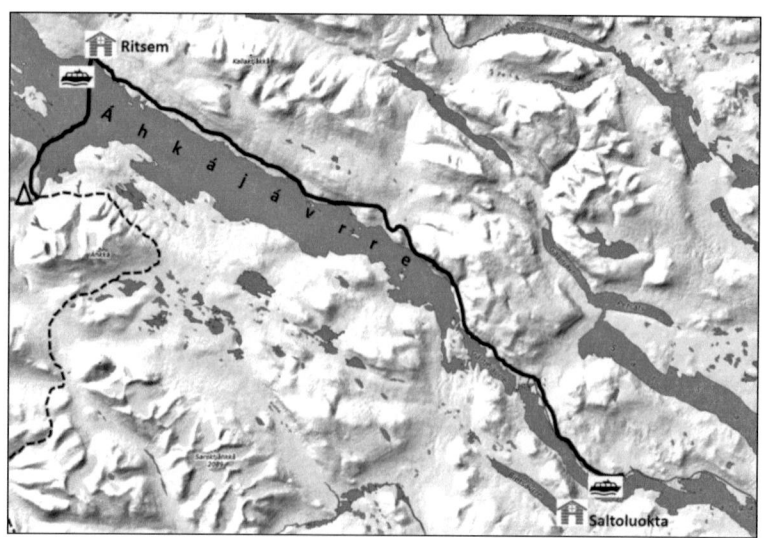

18. Etappe: *Vuojatädno - Änonjálmme (Bootsanleger)*
Ca. 4 km; von 500 m auf ca. 450 m

Regen! Den ganzen Morgen lang. Aus dem Schwimmtermin wird nichts – fällt buchstäblich ins Wasser. Schade, aber bei Regen macht's eben keinen Spaß.

Wir packen zusammen; das Zelt wird zum Schluss patschnass im Rucksack verstaut. Jacken anziehen und los. Die letzte Etappe über ca. 4 km bricht an. 2 km sind es bis zur Akkastugorna und dann nochmal knapp 2 km bis zum Anleger Änonjálmme.

Etwa 300 m vor der der Áhká-Hütte gehen wir spontan doch nochmal ins Wasser. Ein Tümpel mit annehmbarer Wassertiefe lädt auch bei Wind, allerdings jetzt ohne Regen, zum kühlen Bade. Während wir uns ausziehen, grüßen wir einen grünbejackten Wanderer, der ebenfalls Richtung Áhkástugorna bzw. Änonjálmme geht.

Das Bad ist erfrischend. Ohne abzutrocknen werden die Klamotten wieder übergeworfen und weiter geht's bis Áhkásturgorna. Eine Infotafel an der Hütte gibt die Abfahrtszeiten des Bootes preis und darüber hinaus den Hinweis, dass am Bootsanleger Kaffee und Essbares zu bekommen sei.

Das Boot wird erst kurz vor 15 h fahren; jetzt ist es 12:15 h. Um 13 h öffnet das „Cafe" am Anleger. Wir gehen weiter und sind tatsächlich kurz vor 13 h am „Cafe", wo der grüngewandete Wanderer bereits darauf wartet, sich ein Bier (gibt's da auch) kaufen zu können.

Er ist Deutscher, heißt Rainer und kommt aus Schneverdingen. Wir kommen mit ihm ins Gespräch und unterhalten uns angeregt. Er wird nach Überquerung des Áhkajávrre ebenfalls mit dem Bus nach Sáltoluokta fahren, weil er dort sein Auto (und Kajak) abgestellt hat. Später im Bus vereinbaren wir, dass wir uns in Sáltoluokta beim Abendbrot treffen wollen. Er will mit seinem Kajak die 2 km rübergepaddelt kommen und eine Flasche Wein mitbringen.

Als das Boot kommt, ist der mobile Steg so weit unten wie nie. Wir müssen sogar vom Steg noch über Geröll bis zum Bootsrand. Viele Inseln liegen frei und so manche 20 m lange Bojenkette kräuselt sich auf dem Trockenen.

Die Fähre benötigt ca. 40 Minuten über den See. Danach fahren wir noch mal so lang mit dem Bus.

Schwimmender Bootsanleger Änonjálmme (Archivbild)

Bei der Ankunft in Salto fallen wir quasi direkt in den wunderschönen Matsaal (Speisesaal) ein, der just in diesem Augenblick geöffnet wird. Das Zelt können wir auch noch später aufbauen.

Während wir essen, kommt Rainer tatsächlich wie verabredet und bringt nicht nur eine, sondern gleich zwei Flaschen Roten mit. Wir hocken noch ein wenig zusammen im Matsaal, wo wir den mitgebrachten Wein nicht trinken dürfen. So begleitet Rainer uns bei der Zeltplatzsuche auf dem Hüttengelände und während wir den Polyesterbunker aufrichten, bringt er ein Lagerfeuer in Gang. Das Wetter ist prächtig. Warm und windstill. Der Einfachheit halber bleiben wir gleich hier beim Feuer hocken und verleiben uns den leckeren Wein ein. So sitzen wir da, pichelnd und plaudernd, schüren hin und wieder das Feuer mit dicken Ästen und unterhalten uns über Gott und die Welt. Ziemlich lange.

Um halb drei Uhr morgens herrschen noch immer angenehme Temperaturen unter taghellem Himmel. Wir begleiten Rainer noch zu seinem Kajak und schauen ihm nach, wie er über den spiegelglatten See seinem Zelt am anderen Seeufer entgegen paddelt.

Mittlerweile ist es schon....

....Donnerstag, 10. Juli...

...und nur zwischen 8 und 9 Uhr gibt es Frühstück in der Station. Lohnt sich fast gar nicht mehr, sich hinzulegen. Tun wir aber trotzdem, werden auch rechtzeitig wach, gehen vor dem Frühstück sogar noch WARM duschen und schlagen uns bei der Frokost die Bäuche voll. Hauptsächlich mit Brot und Käse und Wurst. Unbeachtet bleibt das Müsli auf dem Büffett liegen. Muss ja nun wirklich nicht sein.

Und es ist wieder heiß! Der Tag gleitet so dahin, ohne Hektik, ohne Anstrengungen. Dösen, schlafen, faulenzen. Ab und zu ein paar Fotos machen.

Nur um 16 h herum werden wir aktiv. Dann wird die Sauna angeblasen. Wir schleppen uns träge vom Zelt hinauf zum Saunahaus und kehren dort ein.

Der Blick aus dem Panoramafenster der Sauna ist immer noch herrlich, solange kein brennender Schweißtropfen die Sicht vernebelt. Der tiefblaue See mit den umliegenden Bergen ist aber auch schön anzuschauen. Wenn nur das Tauchbecken nicht so weit weg wäre – am Bootssteg nämlich. Naja, die Wahrheit ist, dass es gar kein Tauchbecken gibt. Leider. Der einzige Platz, an dem man ganz untertauchen kann, ist im See an der Bootsanlegestelle. Das übrige Ufer ist viel zu flach – auf Meter hin. So werfen wir nach dem letzten Saunagang lässig ein zwei Kleidungsstücke über, schlendern die etwa 300 Meter zum Steg, ziehen uns dort wieder aus, tauchen kurz ab und ziehen uns wieder an.

Abtrocknen? Wozu denn das? Trocknet doch eh alles am Körper – und bei diesem Wetter sowieso.

Na gut, wir stiefeln wieder hoch zur Station und entern den mittlerweile geöffneten Matsal. Heute gibt es Wildpastete als Vorspeise und Lachsfilet zum Hauptgang. Nicht schlecht, der Lachs. Macht sogar etwas satt, trotz der übersichtlichen Portion. Viel mehr passiert nicht mehr, außer dass wir uns noch etwas Bargeld an der Rezeption geben lassen (für den Bus nach Váhtjer Jellivaara (Gällivare)). Hier sind die STF-Mitarbeiter total unkompliziert.

Nach ein oder zwei Kaffee geht's zurück ins Zelt, wo gelesen oder gedöst wird. Totaler Abhänger ist angesagt; die müden Knochen verlangen einfach nach Erholung.

Zwei im Sarek

Hier ist die Zusammenfassung der letzten Etappe mit den abschließend aufgelaufenen Werten:

Etappe	Strecke km	Meter auf + ab	Start Level	Ende Level	Gipfel, Flüsse, Seen am Wegesrand
18	4	50	500	450	Vuojatädno Akkastugorna Bootssteg Änonjálmme
Kumulierte Werte	**114**	**5443**	Total		

Demnach haben wir in 19 Marschtagen (plus 1 Ruhetag) insgesamt rund 115 km und 5500 Höhenmeter zurückgelegt. Die Strecke ist eher gering, aber angesichts der diesjährigen unnatürlich hohen Temperaturen mussten die kurzen Tagesetappen – insbesondere wenn es in die Berge ging – wirklich nicht länger sein.

wei im Sarek

Freitag, 11. Juli

Heute geht es heimwärts.

Rechtzeitig zur Frokost aufstehen, schnell noch duschen und dann entspannt am Tisch sitzen und mit den Nachbarn plaudern. Dann runter zum Zelt, um den Rucksack rückreisefertig zu packen. Das Boot, die MS Langas, geht erst um 12 h, also ist massig Zeit vorhanden.

Tja, und dann starten wir endgültig in Richtung Heimat, wo die Lieben zu Hause uns schon erwarten. Schließlich findet diese Reise nach genau 39 Stunden Zugfahrt ihr Ende.

Dieses Abenteuer „outdoor" ist beendet. Die gesammelten Eindrücke sind wertvoll und nachhaltig – sie werden nicht verblassen. Dessen bin ich sicher. Gleichwohl kann ich es kaum erwarten, sie wieder aufzufrischen.

Die Sehnsucht nach dem Hohen Norden ist zu groß…

Auf der MS Langas

Zwei im Sarek

Epilog

Vielleicht noch ein Wort zur Entmystifizierung des SAREK. Der Wunsch, im SAREK zu wandern, bestand schon lange. Allein, einige Insider-Berichte, an deren Ende man sich wundert wie der Protagonist ob der vielfältigen lebensgefährlichen Situationen nochmal mit dem Leben davongekommen ist, hatten schon ihre abschreckende Wirkung. Heutzutage macht das Internet die Welt zum Dorf. Dementsprechend zahlreich sind die Informationsquellen, aus denen man schöpfen kann. Dabei hat sich gezeigt, dass es hinsichtlich der Beschreibung von SA-REK-Touren grundsätzlich zwei Darstellungsweisen gibt: die eine legt den Tenor auf die Schönheit der erlebten Natur, während die andere mit Macht in die Kerbe der offiziellen schwedischen Angstmacher-Verlautbarungen (s. Auszüge am am Ende dieses Textes) haut. Ähnliche Beschreibungen gibt es übrigens auch für andere Wandergebiete.

Ich kenne KUNGSLEDEN, PADJELANTALEDEN, den GRENZ-PFAD VON TROMS, Teilgebiete südlich des TORNETRÄSK (Duortnosjávri) rund um LAPPORTEN und das norwegische JOTUNHEI-MEN – und ich wage zu behaupten, dass das Gelände im SAREK nicht mehr und nicht weniger Anforderungen an den geübten Wanderer stellt als andere Wandergebiete auch. Der große Unterschied besteht darin, dass innerhalb des SAREK dem Wanderer keinerlei Annehmlichkeiten in Form von Hütten oder (offiziellen) Wegmarkierungen etc. geboten werden. Aber selbst Letzteres ist teilweise zu relativieren.

Wegmarkierungen werden in der Tat nicht erneuert. Gleichwohl gibt es immer mal wieder von Wanderern installierte Steinmännchen oder verblasste Farbmarkierungen aus vergangenen Tagen.

Darüber hinaus ist es eigentlich nicht möglich, sich wirklich unrettbar zu verirren, sobald man nur eine grobe Karte dabei hat. Da man eh nur den Tälern folgen kann, ist die grobe Richtung von vornherein vorgegeben. Und gut erkennbare, leider unvermeidliche Trampelpfade gibt es immer wieder, sobald der Boden nur weich genug ist (wie z.B. im Rapadalen).

Das, was eine über 5-7 Tage hinaus gehende Trekking-Tour anstrengend macht, ist das völlige Fehlen jeglicher Hütten. Somit werden zwangsläufig Teile der Ausrüstung unverzichtbar (Zelt, Schlafsack, Kocher...). Außerdem – und das ist der springende Punkt – muss jedweder Proviant mitgeschleppt werden, eine Gewichtskomponente, die mit jedem weiteren geplanten Tag größer wird. Wenn man sich einigermaßen verantwortlich ausrüsten will, stellt die Proviantliste die einzige Möglichkeit dar, den Rotstift anzusetzen. Weniger Proviant bedeutet weniger Gewicht. Weniger Proviant bedeutet aber auch weniger zu essen. Und weniger zu essen kann geringere Kraftreserven bedeuten. Aus diesem Dilemma gibt es keinen pauschalen Lösungsweg. Den muss jeder für sich selbst finden.

Und wie wild ist diese Wildnis wirklich? Ist man im Sarek wirklich fernab von jeglichen Hilfen? Hütten gibt es keine, aber immerhin existiert mitten im Sarek ein Nottelefon, einige Brücken überspannen den einen oder anderen breiten Fluss. Man ist nicht gezwungen, größere Flüsse pioniermäßig zu durchqueren. Jens und ich haben den Guhkesvákkjåhkå bei Hochwasser durchschwommen – was nur wegen des umfangreichen Gepäcks etwas aufwändiger war.

Gefährliche Situationen gibt es im Straßenverkehr mit Sicherheit häufiger als auf einer Trekking-Tour. Passieren kann natürlich immer etwas, keine Frage. Ein körperlicher Defekt kann natürlich dann zum existentiellen Problem werden, wenn man allein unterwegs ist. Der unverletzte Weggefährte kann von jedem Punkt im Sarek aus in maximal zwei (Gewalt-) Marschtagen Hilfe holen.

Nichtsdestotrotz bietet der SAREK wunderschöne Landschaften, herrliche Panoramen, beeindruckende Felsmassive und Gletscher, eine anbetungswürdige Outdoor-Atmosphäre – kurz: wer sich gerne in der weitläufigen Natur bewegt und gerne auf zivilisatorische Anzeichen verzichtet, kommt hier voll auf seine Kosten.

Ich freue mich schon auf die nächste „Expedition" in den Hohen Norden Europas.

Zwei im Sarek

Zum Ausklang und Abschrecken

Folgende Texte werden vom schwedischen *Staatlichen Amt für Umweltschutz* zur Verfügung gestellt *(Hervorhebungen durch K.H.)*:

Sarek - Mythos und Wirklichkeit

Eine Informationsschrift für Bergwanderer, die den Nationalpark besuchen möchten.

Sie möchten im Sarek wandern? Wir, die wir für Schutz und Pflege des Nationalparks zuständig sind, hoffen, dass Ihnen bewusst ist, was eine Wanderung im Sarek bedeutet.

*Der Sarek ist eine großartige und **unberührte** Hochgebirgsregion mit steilen Gipfeln und Gletschern. Zwischen den Gebirgsmassiven erstreckt sich ein Netzwerk von tief eingeschnittenen Talgängen. In diesem Terrain voranzukommen, ist, wie man sich leicht vorstellen kann, **ungeheuer strapaziös**. Der Sarek ist aber auch eine **weglose Wildnis**. Die zentralen Teile des Nationalparks liegen kilometerweit von bewohnten Gebieten entfernt. Es gibt **keinerlei Einrichtungen für Touristen, Pfade oder Hütten**. Im Falle eines ernsthaften Unglücks ist man **völlig auf sich gestellt**.*

*Wir möchten **die Unerfahrenen** unter Ihnen vor einer Wanderung in den Sarek **warnen**. Bevor Sie den Sarek in Angriff nehmen, sollten sie bereits mehrere andere Fjälltouren unternommen haben.*

*Viele Menschen kommen mit unrealistischen Vorstellungen in den Sarek, denn das Wandern dort hat mittlerweile so etwas wie eine Statusfunktion. Wir möchten diese Art von Mythos um den Sarek relativieren, ohne jedoch den Wert des Nationalparks schmälern zu wollen. Natürlich gehört das Gebiet zu den schützenswertesten und **unwegsamsten** Schwedens. (...) Natürlich ist der Sarek ein Wildmarkgebiet von imponierender Größe - wer jedoch wirkliche Einsamkeit sucht, sollte Gebirgsregionen mit weniger imposanten Namen zum Wandern auswählen, denn während der Hauptsaison ist es im Sarek alles andere als einsam. Tausende sind in den Sommermonaten in diesem Gebiet unterwegs (...). Der Mythos um den Sarek hat Sie vielleicht getäuscht. Die schwedischen Gebirgsregionen sind groß, und der Sarek ist nur eine Perle unter vielen. Eines aber ist wahr: Wer eine **unberührte Wildnis** in einer Hochgebirgsregion erleben will, für den stellt der Sarek eine Klasse für sich*

*dar. Wenn Sie diese Art Einsamkeit suchen, **müssen Sie schon allein
zurechtkommen**. (...)
Wenn Sie jedoch mit den Informationen, die den zur Verfügung stehen-
den Büchern über Bergsteigen und den Sarek, den Gebirgskarten und
den Vegetationskarten zu entnehmen sind, nicht zurechtkommen, sind
Sie eigentlich nicht erfahren genug für eine Sarek-Wanderung. (...).
Die Bedingungen im Sarek erfordern, dass man Karten lesen kann, über
die richtige Ausrüstung verfügt und nicht zuletzt die rechte Einstellung
mitbringt, um **nicht** im Voraus **planbare Schwierigkeiten** wie z.B.
schlechtes Wetter, über die Ufer getretene Flüsse, Müdigkeit etc. zu
meistern.
Sie müssen in der Lage sein, Ihre Pläne während der Wanderung zu
ändern. **Der Sarek soll eine Region bleiben, in der nichts unternommen wird, um eine Gebirgswanderung zu erleichtern.** So steht`s im
Pflegeplan des Nationalparks. Denn diese einzigartige und unberührte
Landschaft soll erhalten bleiben. Natürlich können Sie auf eigene Faust
den Sarek besuchen. Wir möchten denjenigen, die sich in dieses Gebiet
aufmachen wollen, einige allgemeine Tipps (s. Ende dieses Berichts)
geben.
Und wenn Sie sich "reif" für die Wildnis fühlen, dann heißen wir Sie
herzlich willkommen im Nationalpark Sarek.*

Tipps

*Der Sarek ist groß, und für eine Durchwanderung muss man mindestens
eine Woche einplanen. Eine funktionale, gut durchdachte Ausrüstung
inklusive eines guten sturmtauglichen Zeltes ist unerlässlich.
Sie benötigen einen warmen Schlafsack sowie zusätzliche wärmende
Kleidungsstücke wie Pullover, Handschuhe und Schal. Denn auch im
Sommer kann es empfindlich kalt werden, und Schneefälle sind in dieser
Jahreszeit nichts Ungewöhnliches.
Gute Regenbekleidung ist im Sarek ein Muss! In dieser Region fallen
sehr große Mengen an Niederschlag. Sie können davon ausgehen, dass
es an zwei von drei Tagen regnet oder bedeckt ist. Man kann zwar Glück
haben und eine längere Sonnenperiode erwischen, aber ausgehen darf
man davon auf keinen Fall.
Ein zuverlässiger Outdoor-Kocher und Proviant gehören ebenfalls zur
Ausrüstung. Wir von der Nationalparkverwaltung sehen es am liebsten,
wenn das Lagerfeuermachen auf ein Minimum reduziert wird. Zwar ist
es nicht verboten, aber die Feuerstellen verschandeln die unberührte*

Natur. Zudem benötigen Sie ja Brennmaterial zum Verfeuern, was die Vegetation des Parks, der Sie es entnehmen, beeinträchtigt. In diesem Zusammenhang sei erwähnt, dass von lebenden Birken keine Rinde abgeschält werden darf. Lagerfeuer sollten nur dann entzündet werden, wenn Kleidung getrocknet werden muss. Das regelmäßige Essenkochen über offenem Feuer ist sowieso unzweckmäßig. Die Belange des Sarek sollten jedem Besucher am Herzen liegen!

Eine Sarek-Ausrüstung wird zwangsläufig recht schwer - wiegt das Gepäck eines Einzelwanderers weniger als 20 kg, hat er wahrscheinlich etwas Wesentliches vergessen. Sinnvoll ist es, die Traglast, soweit möglich, auf mehrere Personen zu verteilen.

Ein Wanderstab ist eine gute Hilfe beim Wandern und Durchwaten von Bächen – von lebenden Bäumen darf er jedoch nicht stammen!
Im Winter stellt der Sarek noch höhere Anforderungen an seine Besucher. In vielen schmalen Tälern wie beispielsweise dem Lullihavagge besteht selbst unten im Tal Lawinengefahr. Im Winter toben schwere Stürme, und das Fehlen von Übernachtungshütten macht einen Aufenthalt in diesem Gebiet nur für extrem erfahrene Gebirgswanderer möglich.

Wegwahl

Im Sarek gibt es keine Wanderpfade, mit Ausnahme des Kungsleden, der über eine kurze Strecke den südöstlichen Teil des Parks passiert. Trampelpfade sind jedoch auf den von vielen Menschen begangenen Routen entstanden.

Wir wollen und können keine genauen Angaben über geeignete Routen aufzeigen, denn niemand kann vorbehaltlos Tipps zum Sarek geben. Schneeverhältnisse und Wasserstände variieren von Jahr zu Jahr. Die Wahl des geeigneten Weges müssen Sie selbst draußen im Gelände mit Hilfe von Karte, Kompass und einem sicheren Urteilsvermögen finden.

Rapadalen

Rapadalen ist ein großartiges Tal, aber eine Wanderung dort ist kein Sonntagsspaziergang. Das Tal hat eine dichte Vegetation, und folgt man auch den ausgetretenen Pfaden auf der nördlichen Seite, so ist ein Vo-

rankommen im Weidendickicht - besonders bei Regen – sehr beschwerlich. Über weite Strecken verläuft der Trampelpfad durch Sümpfe mit morastigem und schlammigem Untergrund. Bestimmte Streckenabschnitte wurden kürzlich mit Bohlenwegen versehen, um den Boden zu schützen. Aber nach wie vor ist eine Wanderung durch das Tal sehr anstrengend.

Wir empfehlen den Gebirgswanderern, den unteren Teil des Rapadalen zu meiden und sich statt dessen nördlich von Skierfe zu halten, dem Nordhang des Tales zu folgen, und die Route schräg auf Alep Vassajajåkkaåj zu nehmen, die hinunter zum Rapaselet führt. Diese Route bietet viele großartige Ausblicke, die das, was man vom Tal aus sieht, weitübertreffen.

Schwer zu durchwatende Flüsse

Viele der Wasserläufe im Sarek sind bei Hochwasser unpassierbar. Auch kleine und sonst leicht zu durchwatende Bäche können über die Ufer treten und eine starke Strömung aufweisen. Die Wasserführung der Gletscherflüsse variiert in Abhängigkeit vom Schmelzwasser sehr stark. Häufig sind sie schmal, steilufrig und stark strömend, wobei rollende Felsblöcke eine besondere Gefahr darstellen. Flüsse wie **Rapaätno**, **Njåtsosjåkkå**, **Kåtokjåkkå** und **Kukkesvaggejåkkå** gelten als **besonders gefährlich**. Ein Durchwaten dieser großen Wasserläufe sollte deshalb unterbleiben. Die beiden letztgenannten Flüsse kann man jedoch über Brücken passieren. Unterhalb Låddepakte gibt es eine beschriebene Watstelle durch den Rapaätno - Tielmavadet. Es ist jedoch sehr schwierig und nicht ohne Risiko, den hier normalerweise sehr breiten und relativ tiefen Fluss zu durchqueren.

Nachfolgend einige weitere strategisch günstig gelegene Flüsse, die von Wanderern oft durchwatet werden, aber mit Vorsicht zu genießen sind:
Sarvesjåkkå: schwierig in den unteren Flussabschnitten bei Hochwasser; Überspringen kann man ihn im Oberlauf in einem schmalen Canyon unterhalb Ritatjåhkå;
Guohperjåhkå: an der Mündung des Ålggavágges breit und steinig; mittelschwer zu durchwaten;
Tjagnarisjåkkåtj: nahe der Ebene Pielaslätten, auf der mitunter Schneetreiben herrscht und die ansonsten sehr viel Vorsicht erfordert;
Palkatjåkkå: Im Talgang Njåtsosvagge, ein Bach mit unterschiedlichem Schwierigkeitsgrad, abhängig vom Wasserstand.

Zwei im Sarek

Aus Gründen der Sicherheit sollte eine Sarek-Tour mit so wenig Watstellen wie möglich geplant werden. Im Spätsommer führen die meisten Flüsse in der Regel weniger Wasser, es sei denn, ein Unwetter hätte große Niederschlagsmengen gebracht.

Brücken

Im Sarek gibt es zwölf Brücken. Sie wurden in erster Linie für die Belange der Rentierzucht erbaut. Der Kungsleden führt im Südosten des Parks über einige dieser Brücken. Die Brücken sind in den neuesten Versionen der Gebirgskarten eingezeichnet. Im Winter und bei der Frühjahrsschmelze können diese Brücken beschädigt und dadurch unpassierbar werden. Die Brücke Skárjábro im Zentrum des Parks wird vor Wintereinbruch abgebaut und, sobald die Bedingungen es zulassen, gewöhnlich im Monat Juni, wieder an ihren Platz gestellt. Verlässliche und aktuelle Informationen über den Zustand der Brücken erhalten Sie bei: Länsstyrelsens fjällförvaltning.

(Alles, was hier aufgeführt wird, ist wahr. Interessant dabei ist nur die Wortwahl. K.H.)

Die topographische Karte BD10 Fjällkartan vom Herausgeber Lantmäteriet wird in regelmäßigen Abständen neu aufgelegt. Bei der in diesem Buch beschriebenen Wanderung wurde eine Version aus den 90er Jahren benutzt. Daher stammten auch die verwendeten topographischen Namen in diesem Text in der ursprünglichen Version.

Zwischenzeitlich hat es weitere Auflagen der Wanderkarte gegeben.

Neuer Name	Alter Name	Neuer Name	Alter Name
Áhkajávrre	Akkajaure	Låvdak-Gipfel	Lantak-Gipfel
Áhkka	Akka	Låvdatjåhkkå	Lautaktjåkkåh
Áhkká-Massiv	Akka-Massiv	Lulep Gássavárásj	LulepKassavaratj
Akkastugorna	Akkastugorna	Mihkájiegna	Mikkajekna
Alep Gássavárásj	Alep Kassavaratj	Mihkástugan	Mikkastugan
Álggavágge	Alkavagge	Mihkátjåhkkå	Mikkatjåkkå
Ålkatj-Massiv	Alkatj-Massiv	Násasjågåsj	Nasasjakatj
Änonjalme	Änonjalme	Násasjávrre	Nasasjaure
Atjijåhkå	Adtjijåkkå	Násastjåhkkå	Nasastjakka
Badjelánndaled	Padjelantaled	Násasvágge	Nasasvagge
Basstavágge	Pastavagge	Niják	Niak
Boajsátjåhkkå	Påisatjåkkå	Nijákjiegna	Niakjekna
Borgtoppen	Borgtoppen	Nijákriehppejávrásj	Niakrieppejauratj
Buchttoppen	Buchttoppen	Nijákskájdde	Niakjakatj
Dubbeltoppen	Dubbeltoppen	Nijákvágge	Niakvagge
Duortnosjávri	Torneträsk	Njahke	Njake
Gávabákte	Kavapakte	Njirramjåhkå	Njiramjåkkå
Guhkesvákkjåhkå	Kukkesvaggejakka	Nuortap Átjek	Nuortop Adtji
Guohper	Kuoper	Oarjep Átjek	ArjepAdtji
Guohperjåhkå	Kuoperjåkkå	Oarjep	Arjep
Guohperskájdde	Kuoperskaite	Ruohtesjiegna	Ruotesjekna
Guohpervágge	Kuopervagge	Rákkasoalgge	Rakkasålke
Hállji	Halji	Rávdojávrre	Rartujaure
Hambergsjökel	Akka-Gletscher	Rijtjem	Ritsem
Huhttán	Kvikkjokk	Ruohtes-Massiv	Ruotes-Massiv
Jålle	Jålle	Ruohtesvágge	Ruotesvagge
Kisuriskåtan	Kisuriskatan	Ruohtesvárásj	Ruotesvaratj

≥wei im Sarek

Neuer Name	Alter Name
Sáltoluokta	Saltoluokta
Sarek	Sarek
Sarektjåhkkå	Sarektjakka
Sielmájiegna	Sjelmajekna
Sielmátjåhkkå	Sjelmatjåkkå
Sierggavágge	Sierkavagge
Sjnjuvtjudisjåhkkå	Sjnjuftjutisjakka
Skájátjåhkkå	Skarjatjåkkå
Skájdásjtjåhkkå	Skaitatjtjåkkå
Skárjá	Skarja
Skárjábro	Skarjabro
Sliehkok	Sliekkok
Smaijlajjåhkå	Smailajakka
Stáhpaljåhkå	Stapaljakka

Neuer Name	Alter Name
Stora Sjöfallet	StoraSjöfallet
Stortoppen	Stortoppen
Stuor Átjek	Stuor Adtji
Suorvvá	Suorva
Suottasjjåhkå	Suottasjåkkå
Suottasjvárátja	Suottasvaratja
Sydtoppen	Sydtoppen
Unna Atjek	Unna Adtji
Váhtjer Jellivaara	Gällivare
Várdojávrre	Vartojaure
Vargtoppen	Vargtoppen
Vásstenjávrre	Vastenjaure
Vuojatädno	Vuojatätno

QUELLEN

Abb. S. 8: „LocationSapmi".
Lizenziert unter CC BY-SA 3.0 über Wikimedia Commons.

Topographische Karten
Kartendaten: © OpenStreetMap-Mitwirkende, SRTM |
Kartendarstellung: © OpenTopoMap (CC-BY-SA)

Gedicht S. 3: Nils-Aslak Valkeapää, The Sun, my Father, DAT, Guovdageaidnu 1997.

Zitat S. 11: Knut Hamsun, Sämtliche Romane und Erzählungen, Bd. 1, List Verlag 1977.

Zitat S. 105: Carl von Linné, Lappländische Reise, Insel-Taschenbuch 102 , 3. Auflage 1981, [Linné]

$ \mathfrak{Z} $wei im $ \mathfrak{S} $arek

IMPRESSUM

Titel	Zwei im Sarek : Wandern unter der Mitternachtssonne / Klaus Heyne
Person(en)	Heyne, Klaus
Ausgabe	1. Aufl.
Verleger	Norderstedt : Books on Demand
Erscheinungsjahr	2021
ISBN	9783753403229
Umfang/Format	116 S.; 63 sw + farb. Ill. ; 210 mm x 148 mm,
Sachgruppe(n)	910 Geografie, Reisen
Erscheinungstermin	Januar 2021

Copyright © 2021 Klaus Heyne
Herstellung und Verlag: Books on Demand GmbH, Norderstedt

BIBLIOGRAPHIE

JOTUNHEIMEN - Wandern in der Heimat der Riesen
ISBN: **978-3839136485**

Zwei zum ersten Mal im Sarek: Wandern im Land der Samen
ISBN: **978-3844802054**

…nur noch bis dahinten! Trekking am Polarkreis
ISBN: **978-3732234325**

…just till over there! Trekking Round the Arctic Circle
ISBN: **978-3735778499**

Arctic Circle Trail - Trekking auf Grönland!
ISBN: **978-3751995757**

Anregungen und Kritik sind willkommen.

Bitte schreib an:	klaus.heyne@web.de
Besucht auch:	www.longdistancetrekker.jimdo.com

Zwei im Sarek

Nachfolgend gibt es für Trekking-Neulinge ein paar Tipps, die sowohl allgemeine als auch spezielle Themen behandeln und sämtlich eigenen Erfahrungen entspringen.

Mögen sie zu einer gelungenen Tour beitragen.

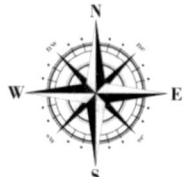

Die An- und Abreise ist die schlimmste Komponente überhaupt, um im gelobten Land wandern zu können. Schließlich reden wir hier von einer durchschnittlichen Entfernung von 2500 km für in Deutschland ansässige Trekkingkandidaten.

Tipp: Anreise

Es bieten sich grundsätzlich 3 Transportgefäße für den Wanderer an: Auto, Zug und Flieger.

Wer sich überlegt, mit dem **Auto** zu fahren, sollte die Strecke im Hinterkopf behalten und sich überlegen, wieviel Zeit (und Kraft) er für die beiden Fahrten verbraten möchte. Für deutsche Trekker sind es – je nach Bundesland – immerhin 2300 bis über 3000 km für EINE Strecke (Bsp.: München-Váhtjer Jellivare (Gällivare) = 2800 km; Flensburg-Váhtjer Jellivaara (Gällivare)=2100 km)! Für Bochum-Váhtjer Jellivaara (Gällivare)=2500 km bedeutet das insgesamt **4 Tage** bei 11 Stunden reiner Fahrzeit pro Tag bei Tempo 120. Ø Spritkosten bei 7 l/100 km und 1,25 EUR/l = ca. **440 EUR** – Hin und zurück.

Der **Zug** ist da schon bequemer. Damals brauchte es ca. 36 Stunden (Bochum-Abisko) und preislich werden die Zugtickets auch günstiger sein als der Sprit. Hier sollte man Tante Google intensiv nach Ermäßigungen im In- und Ausland befragen (z.B. Scanrail-Ticket). Hin und zurück also **72 Stunden**.

Der **Flieger** ist natürlich ungeschlagen, was die Reisezeit anbelangt. Im vorliegenden Fall betrug die Reisezeit: Abflug in Düsseldorf 6:50 h, Ankunft in Váhtjer Jellivaara (Gällivare) 15:05 h = gut 8 Stunden, plus 1,5 Stunden Einchecken am Flughafen. Also großzügig gerechnet hin und zurück knapp **20 Stunden** bei einem Preis von ca. **450 EUR**. Auch hier empfiehlt sich, das Zwischennetz zu durchforsten.

Nun gibt es tatsächlich Leute, die blauäugig ihre (Wander)Premiere mit einer Tour in unbekanntes Gebiet gepaart mit dem Fehlen jeglicher Erfahrung feiern wollen und sich wundern, wenn „plötzlich" Situationen entstehen, die sie u.U. vor echte Probleme stellen.

Nachfolgend gibt's ein paar „Meilensteine" in der Planung, die sich indes bei Einschalten des gesunden Menschenverstandes von selbst ergeben sollten.

Tipp: Planung

- **Zielgebiet** festlegen

- **Wanderkarte(n)** vom Zielgebiet besorgen; für schwedisch Lappland - **Nya Fjällkartan** im Maßstab 1:100.000 Blätter BD01 – BD10; für Norwegen **Turkart** im Maßstab 1:100.000 oder 1:50.000 – je nach Gebiet; für Finnland **Retkeilyopas & Kartta** im Maßstab 1:100.000 oder 1:50.000 – je nach Gebiet.

- **Route** auswählen und dabei...

- ...das **zeitliche Budget** und die eigene **körperliche Verfassung** berücksichtigen.

- **Puffertage** einplanen, an denen man nicht geht (Wetter, Erschöpfung, Pause). An- und Abreisezeit nicht vergessen.

- **Markierten Wanderweg** auswählen, wenn man die Vorteile der Hüttenstationen nutzen will (Übernachtung, Proviant), die sich in einem niedrigeren Rucksackgewicht niederschlagen. Über die einzelnen Hütten kann man sich im Netz informieren.

- Bei **Querfeldeinroute** den benötigten Proviant berechnen. Faustformel: 1 kg pro Mann und Tag [= üppig]; machbar für kurze Touren, bei längeren Touren max. 500-600 g pro Mann und Tag rechnen.

- Beim **Kartenstudium** auf schwierige Passagen achten. Z.B. wo Höhenlinien eng zusammen liegen, ist es in der Natur steil.

- Frühzeitig die **Ausrüstung** checken. Fehlendes rechtzeitig beschaffen. Wichtig sind gute Schuhe, guter Rucksack und gutes Zelt.

- Rechne mit **schlechtem Wetter**. In Lappland auch im Sommer Handschuhe und Mütze mitnehmen.

Ein eingefleischter Couchpotatoe würde sich wohl kaum für eine Urlaubsform der in diesem Buch beschriebenen Art entscheiden. Das liegt vermutlich an dem spärlichen Angebot batteriebetriebener Fernsehgeräte und dem kaum in den Griff zu bekommenden Volumen eines 3-Wochen-Vorrats an Chips, Flips und Salzstangen. Vom Bier ganz zu schweigen.

Doch selbst wer sich nicht zu dieser Randgruppe zählt und sich gar regelmäßig sportlichen Freizeitaktivitäten hingibt, sollte seine eigene Fitness kritisch beleuchten. Schließlich steht eine körperliche Dauerbelastung bevor und nach spätestens 2 Marschtagen nimmt man bewusst Körperpartien wahr, von denen man vorher gar nicht wusste, dass man sie überhaupt hat.

Das Fazit lautet: wer heute noch im warmgepupten Sessel sitzt und übermorgen den prallen Rucksack durch die Landschaft keulen will, befindet sich in einer ungünstigen Ausgangslage. Daher ist es ratsam, vorbeugende Maßnahmen zu ergreifen.

Tipp: Körperliche Vorbereitung

Für Leute wie mich, die unter dem Jahr nicht wirklich viel Sport treiben und Schreibtischtäter sind, empfiehlt sich eine gezielte körperliche Vorbereitung. Und die Notwendigkeit dazu steigt proportional zum finalen Rucksackgewicht. Bei einer 3-wöchigen Tour ohne Verproviantierungsmöglichkeiten und dem Zwang, Zelt, Kocher, Schlafsack und das ganze Gelumpe mitzuschleppen, kommt man (bei zwei Personen) nicht unter 35 kg pro Kopf weg. Das ist schon 'ne Nummer, die man so: weg-vom-Schreibtisch-und-ab-in-die-Wildnis nicht packt, wenn man nicht gleich am Ende der ersten Etappe kreuzlahm darnieder liegen möchte.

Ich habe die Erfahrung gemacht, dass zumindest in den letzten 6 Wochen vor der Reise regelmäßige Gewöhnungsphasen für Beine, Rücken und vor allem: Nacken durch Gehen mit Gewicht (Sandbeutel, Hantelscheiben...) im Rucksack, die ersten Tage erheblich erträglicher werden lassen als ohne diese Maßnahme.

Je nachdem, wie das zu bereisende Gelände beschaffen ist, kann man Steigungen sehr gut mit Treppensteigen trainieren. Gebäude mit einer erklecklichen Geschoßzahl eignen sich hierfür besonders gut. Die G-Gebäude in der Bochumer Ruhr-Uni haben ein gutes Dutzend Etagen. Wenn man da einige Male vom „Keller bis zum Dach" gestiegen ist, weiß man, was man getan hat.

Wem das zu blöd ist, für den gilt: *Lerne leiden, ohne zu klagen.*

Wer eine Tour auf den markierten Wegen der nordischen Wanderver-
eine STF (Svenska Turistföreningen) und DNT (Den Norske Turistföreningen) macht, hat in der Regel mindestens einmal Gelegenheit, an einer
Hüttenstation Lebensmittel zu kaufen. Andernfalls muss der gesamte
Proviantbedarf im Vorwege beschafft, für die Reise vorbereitet und an
den Startpunkt der Wanderung gebracht werden. Die Menge hängt von
der Länge der Tour ab, die Art von den persönlichen geschmacklichen
Vorlieben.

Beim Verstauen der Fressalien sollte man auf auslaufsichere Umhül-
lungen und wenn möglich, Verringerung des Volumens achten.

Tipp: Proviant beschaffen

Sogenannte Outdoor-Nahrung (auch gerne mit Survival-Nahrung betitelt) bietet gegenüber
den herkömmlichen Supermarkt-Tütensuppen u.Ä. immerhin den "Vorteil" erheblich höherer
Preise, wenn schon nicht mehr Inhaltsstoffe.

Meiner Meinung nach eignet sich die Discounter-Variante zur Verproviantierung ganz hervorragend. Also rein in die Supermärkte und Tütensuppen und Fertiggerichte (alles dehydriert
natürlich) gekauft. Mach Dir vorher eine Liste, an wie vielen Tagen es welches Gericht geben
soll, damit Du

a) die richtige Gesamtmenge und

b) die richtige Menge gleichartiger Gerichte einkaufst, wenn mehrere Einheiten gleichzeitig
zubereitet werden sollen.

*Punkt b) kann vernachlässigt werden, wenn es Dir piepenhagen ist, Broccoli-Creme-Suppe
und Ochsenschwanz-Terrine zusammen zu kochen, solange der Becher nur voll genug ist.*

Tipp: Proviant aufpeppen

Neben Müsli, Tütensuppen und anderem Trockenfutter bieten **Salamis** (empfohlene Größe:
750-G, das sind i.d.R. 35-cm-Prengel mit einem ernst zu nehmenden Durchmesser) eine
höchstwillkommene Abwechslung im Speiseplan. Dann hat man wenigstens ab und zu mal
richtig was zu kauen.

Ein exquisites Highlight bieten am offenen Feuer angekohlte Salamischeiben. Aufgespießt
an kurzen Zweigen - wenn man denn im Fjäll welche findet - oder auch an den Enden eines
kleinen Rentiergeweihs und in die Flammen gehalten, läuft einem das Wasser bereits im
Mund zusammen, während man beobachtet, wie das Fett ins Feuer tropft und die Wurst-
scheiben sich appetitlich in der Hitze biegen.

Grandios!

Tipp: Proviant Zusammenstellung

Die grundsätzliche Proviantfrage ergibt sich zwangsläufig entsprechend der gewählten Tour; d.h. kann unterwegs Proviant nachgefasst werden oder nicht. Der entscheidende Vorteil im ersten Fall ist, dass zum Einen das Rucksackgewicht erheblich geringer ausfällt und zum Anderen deshalb Lebensmittel ungeachtet ihrer Darreichungsform (schwere Konserven oder Glasbehälter) oder Nährstoffwerte ausgewählt werden können.

Muss man allerdings das ganze Gelumpe von Anfang an mitschleppen sollte bei der Zusammenstellung des Proviants das Hauptaugenmerk auf den Nährstoffgehalt in Verbindung mit dem Gewicht der Lebensmittel gerichtet werden. Schwere (Glas) oder sperrige (Karton) Verpackungen sind zu vermeiden.

Hier ist ein Auszug aus unserer Proviantliste:

- Frühstück:
  Müsli, Magermilchpulver (löst sich besser auf als Vollmilchpulver), 2 Pakete **FinnCrisp** für die ersten Tage, **Honig** (Plastik-Drückflasche – erspart klebriges Umfüllen vom Glas in Plastikbehälter wie bei **NussNougat-Creme**);

- Hauptmahlzeiten:
  Spaghetti, Kartoffelgerichte (halbfertig; z.B. Bratkartoffeln, Rösti), dehydrierte **Pastagerichte** und **Suppen**, Feststoffnahrung in Form von **Salamis** (750-g-Prengel mit 6-7 cm Durchmesser);

- Zwischendurch und so:
  Müsliriegel, Schokolade, Nüsse, Rosinen, Vitamin-Mineral-Pillen, Tee, Trockenobst.

Für die Mengen muss jeder seine persönliche Hungergrenze berücksichtigen. Die Faustformel besagt: 1 Kilo pro Mann und Tag – allerdings glaube ich, dass sie auf veralteten Grundlagen beruht und vor der Verfügbarkeit von dehydrierten Nahrungsmitteln aufgestellt wurde. Wir haben für 3 Wochen und 3 Personen insgesamt etwa 35 kg Lebensmittel eingeplant - das entspricht rechnerisch etwa 600 g pro Mann und Tag.

Es sollte jedem klar sein, dass eine Tour ohne Proviantstationen alles andere als eine Schlemmertour wird.

Tipp: Proviant verpacken

Es gilt grundsätzlich, das Volumen des Proviants so gering wie möglich zu halten und darauf zu achten, dass der Rucksackinnenraum nicht durch loses Milchpulver oder Müsli o.Ä. versaut wird. Gerade die klarsichtigen Müslibeutel zerstören sich selbst gerne leicht und schnell.

Darum lohnt sich der Zeitaufwand, das lose Zeug in handliche Gebinde umzupacken. Dazu eignen sich 3-l-Gefrierbeutel ganz hervorragend. Zusätzliche Sicherheit (gegen Auslaufen und Feuchtwerden) kann man erlangen, indem man jeden so gefüllten Beutel in einen zweiten steckt.

Zwei im Sarek

Tipp: Proviant komprimieren

Kleines Packmaß ist oberste Pflicht. Nahrungstüten mit dehydriertem Inhalt lassen sich fabelhaft komprimieren. Einfach ein kleines Loch in den oberen Teil der Suppentüte stechen und dann von unten stramm aufrollen, um die enthaltene Luft heraus zu drücken. Einmal Tesa drumherum - fertig ist die kleine Suppenrolle. Gleichartige Gerichte kann man zusammenkleben — erspart mühsames Suchen im Rucksack. Kennzeichnung nicht vergessen, weil man im aufgerollten Zustand u.U. nicht mehr lesen kann, was drin ist.

Tipp: Proviant vorausschicken

Die Kehrseite der Medaille von 3 Wochen Freiheit und Einsamkeit ist die umfangreiche notwendige Logistik. Für 20 Tage draußen kommt man unter 35 kg Nutzlast pro Kopf nicht weg. Diese Tonnage muss natürlich auch bis ins Zielgebiet verbracht werden.

Je nach gewählter Beförderungsart gestaltet sich dieser Teil der Reise bereits mehr oder weniger kraftraubend und gegebenenfalls kostenintensiv.

Es bietet sich an, die unkomplizierten Schweden und ihre Freundlichkeit mit ins Boot zu nehmen. So habe ich nach Absprache 2 Bananenkartons prall gefüllt mit Proviant per Post nach Sáltoluokta vorausgeschickt, die dort im Keller bis zu unserer Ankunft zwischengelagert wurden.

„Wer sich in Gefahr begibt, kommt darin um!", könnte man sagen. Muss aber nicht sein. Gegen viele Dinge kann man sich wappnen und entsprechende Mittelchen aus dem reichhaltigen Fundus heimischer Apotheken requirieren.

Tipp: Medikamente

Bei größeren Trekkingtouren und anderen Outdoor Aktivitäten lohnt es sich auch, eine Rucksackapotheke dabei zu haben

Diese erhält umso mehr Bedeutung, je weiter die nächste ärztliche Versorgung entfernt ist. Die Rucksack-Apotheke sollte immer der Länge der Tour und der Region angepasst sein.

Zur Grundausstattung gehören in jedem Fall Desinfektionsmittel und Alkoholtupfer, Pflaster, verschiedene Arten von Verbandszeug, Schmerzmittel und Wund- bzw. Heilsalben, elastische Binden, Mittel gegen Erkältungen, Durchfall/Verstopfung, krampflösendes Mittel. Darüber hinaus sollte Zubehör wie Rettungsdecke, sterile Handschuhe, eine Pinzette, eine Zeckenzange sowie eine Verbandsschere nicht fehlen. Ebenso ein Signalgeber wie Leuchtraketen oder Spiegel.

Damit die Rucksack-Apotheke über die volle Zeit der Tour einsatzfähig ist, muss sie wasserdicht verpackt sein, damit sie weder durch Gewitter oder sonstige flutende Ereignisse unbrauchbar wird.

Viele namhafte Ausrüster bieten in ihren Sortimenten **First-Aid-Kits** an, die als Grundstock gut herhalten können.

Vermutlich würde jeder etwas anderes raten, wenn es um die Nennung nützlicher Gegenstände geht. Ich würde immer ein Seil mitnehmen; das kann in vielen Situationen eingesetzt werden und so manche Sache vereinfachen.

Tipp: Seil

Ich habe festgestellt, dass ein Seil mitunter ein recht nützliches Utensil sein kann. Und sei es nur, um eine Wäscheleine zum Trocknen nasser Klamotten zu installieren. Oder auch, um einen Rucksack an einer schwierigen Passage abzuseilen. Oder, oder, oder....

20 – 30 Meter Seil aus dem Outdoorladen (Querschnitt 5 mm reichen) können Wunder bewirken und haben dabei kein großes Gewicht.

Selbst eingelaufene Schuhe sind kein Garant für blasenfreie Füße am Ende oder inmitten einer Wanderung. Doch mit gezielter Vorbeugung ist dieses Ziel erreichbar. Auch der GAU – eine offene, nässende, tiefe Blase – lässt sich erfolgreich so behandeln, dass der Rest der Tour schmerzfrei abläuft.

Tipp: Blasenprophylaxe – Zehen / Ferse

Wer nach mehreren Stunden Wanderei Probleme mit „gereizten" kleinen Zehen in seinen Schuhen bekommt, kann dies mit einer einfachen Prophylaxe verhindern:

beschaffe Dir 2-3 mm **dünnen Schaumstoff**, schneide daraus einen schmalen ca. 15 cm langen Streifen und wickele ihn großzügig um die Zehen. Beginne zwischen dem großen Onkel und dem zweiten Zeh, ziehe den Schaumstoffstreifen zwischen die einzelnen Zehen und wickele schließlich den kleinen, äußeren Zeh schön ein und führe den Streifen wieder auf gleiche Weise zurück. Damit wird er während des Laufens nicht verrutschen.

Dünnen Schaumstoff gab es früher häufiger in Obstkisten. Einfach mal durch die Supermärkte oder über den Wochenmarkt schlendern. Ansonsten einen Stoffladen konsultieren.

Der klassische Blasenaspirant, der Fersenbereich, lässt sich im Vorwege wunderbar vorbeugend schützen. Hilfsmittel: **breites Leukoplast (5 cm)** einmal großzügig um die Ferse geklebt wirkt Wunder.

Das kann natürlich auf alle anderen individuellen Schwachstellen angewendet werden. Die Silk- oder Seidenversion mit glatter Oberfläche, über die der Socken ggf. besser rutschen kann, hat sich meiner Meinung nach nicht bewährt, weil das Zeug nicht gut genug klebt.

Das gilt besonders für den Fall, wenn eine offene Blase verarztet werden muss *(siehe Tipp: Blasenbehandlung)*.

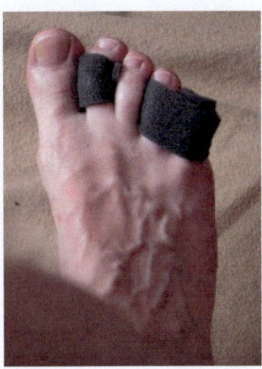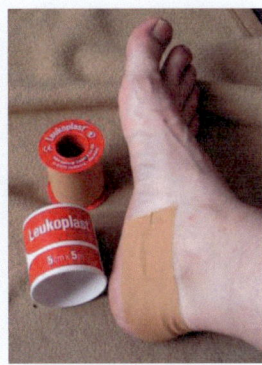

Tipp: Blasenbehandlung

Aus irgendeinem Grunde ist das Kind in den Brunnen gefallen und eine Blase ist da, tut mehr oder weniger weh und macht das Laufen zunehmend schmerzhaft. Die nachstehende Beschreibung funktioniert nachweislich. *(Das abgebildete rohe Fleisch ist meine Ferse am Abend des zweiten Wandertages in Lappland im Jahre 2000, als ich leider zu spät feststellen durfte, dass die Polsterung meines Innenschuhs kaputt war.)*

Wenn es so weit gekommen ist (und ich denke, alle vorhergehenden Stadien im Lebenszyklus einer Blase lassen sich genau so behandeln), mache Folgendes:

(1) Zunächst gilt es, das **Gewebe geschmeidig** zu halten, damit trocknende und härtende Wundränder nicht zusätzlich in die Wunde pieken. Nimm dazu irgendeine Creme, die Du dabei hast (Hauptsache es ist fettig) und schmiere sie auf die Wunde.

(2) Darüber wird ein **Wundpflaster** mit steriler Auflage geklebt. Achte darauf, dass die Klebestellen des Pflasters auf fettfreie Haut gelangen, damit sie auch gut kleben.

(3) Anschließend wird ein Streifen **Leukoplast** (5 cm breit) vorbereitet, der später großzügig rings um die Ferse geklebt wird. Also lang genug abschneiden.

(4) Jetzt kommt das Wichtigste! Nimm einen Streifen des **dünnen Schaumstoffs** (siehe Tipp: Blasenprophylaxe: Zehen) und falte diesen mehrmals Leporello, bis Du ein schönes Polsterpäckchen erhältst. Die Blase mit dem Wundpflaster sollte großräumig komplett mit dem Polster bedeckt sein. Beachte, dass das Päckchen zunächst ziemlich dick aussieht, aber im Laufe der nächsten Laufkilometer mehr und mehr gepresst wird. Die Dicke des Polsters muss man halt durch Ausprobieren ermitteln. Es kommt auch darauf an, wie es letztlich in den Schuh passt.

(5) Das Schaumstoffpolster wird durch den vorbereiteten Leukoplaststreifen am Fuß fixiert.

(6) Schneide einen zweiten Streifen **Leukoplast** zurecht und klebe diesen rechtwinklig zum Ersten um den Fuß. Sieht zwar aus, als hätte man die Beulenpest, funktioniert aber.

Ich habe es immer so gehalten, dass ich alle 4-5 Tage über Nacht Luft an die Sache gelassen habe und den „Verband" dann erneuert habe. Das Schaumstoffpolster kann man dabei meist wiederverwenden. Die eigentliche Ausheilung muss dann nach der Rückkehr zu Hause erfolgen.

Wenn man zwischendurch waten muss, ist das auch kein Problem. Kann ruhig alles nass werden — das Leukoplast lässt fast nichts durch. Solange der Kleber sich nicht löst — prima: never touch a running system!

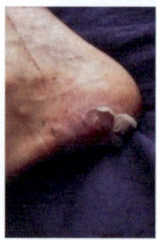 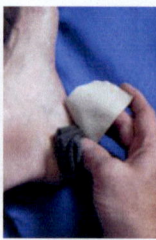 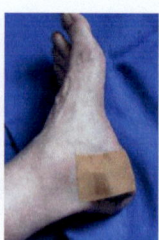 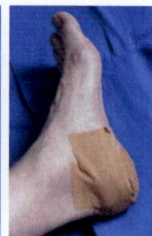

Zwei im Sarek

Wer keinen Sherpa mit einem Schrankkoffer voller Wechselklamotten neben sich herlaufen hat, wird voraussichtlich 2 oder 3 Wochen lang ein und dasselbe Outfit auf dem Laufsteg der textilen Gleichgültigkeit präsentieren. Zwangsläufig wird man am Ende der Reise von einer Aura des Unnahbaren umgeben sein. Gleichwohl muss eine gewisse Grundhygiene nicht zwangsläufig ausgeschlossen werden.

Was man tun kann – und eventuell auch wie – verraten die nachfolgenden Tipps.

Tipp: Waschzeug

Albtraum: die Flasche mit dem Waschgel hat sich geöffnet und der Inhalt hat sich in den Rucksack ergossen. Glück, wenn der kontaminierte Bereich nur ein kleiner Packbeutel ist.

Ich benutze auf Wanderungen ein Seifenstück (Speick) — geeignet für Haut und Haar. Das kann nicht auslaufen und ist zudem von geringerem Gewicht und Volumen als eine Waschgelflasche.

Tipp: Klopapier

Outdoor-Leben heißt zwar prinzipiell „back to the roots", jedoch muss man sich den Naturvölkern nicht unbedingt in der Weise annähern, dass man während der Tour mit einer Ess- und einer Kothand werkelt. Also sind Hilfsmittel erlaubt, die geeignet sind, Spuren des großen Verdauungsgeschäfts gar nicht erst an die äußeren, oberen Extremitäten bzw. in die Unterhose vordringen zu lassen.

Ordinäres Klopapier (1-, 2- oder n-lagig) zeichnet sich durch ein großes Packmaß aus. Je größer „n" ist, umso größer das Rollenvolumen. Diesen Mangel kann man teilweise heilen, indem einige Meter Papier abgewickelt, ganz eng wieder aufgewickelt und schließlich in den hohlen Rollenkern eingebracht werden.

Viel eleganter ist dagegen die Variante: **Feuchttücher** (gibt es auch umweltfreundlich, weil biologisch abbaubar). Geringeres Packmaß, höhere Reißfestigkeit, größerer Hygienefaktor und durch geringeren Reibungswiderstand deutlich körperfreundlicher — besonders dann, wenn man schon nah am „Wolf" läuft.

Du willst **kein Klopapier verwenden**? Geht auch! Grass, Blätter oder Moos in Reichweite leisten gute Dienste. Moos ist dabei die erste Wahl. Die letzten Rückstände kann man entweder ignorieren (und später als Klabusterbeeren abpflücken) oder verbleibend in der gewählten Kackposition per Wasserstrahl aus der Flasche — dosiert rücklings in die Kimme gegossen — abwaschen.

Tipp: Ganzkörperwaschung

Früher oder später — meist früher — ist es an der Zeit, den Schweiß und sonstigen Schmutz vom Körper zu waschen. Dazu bieten sich die Wildbäche und Flüsse und Seen geradezu an

Mit etwas Glück findet man in der Nähe des Zeltplatzes im benachbarten Gewässer eine Auswaschung, Vertiefung oder Ähnliches, die ein Untertauchen des kompletten Körpers erlaubt. Idealerweise sucht man seinen Zeltplatz vor dem Hintergrund einer anstehenden Badeeinheit aus.

<u>Vorab</u>: das Wasser ist in der Regel schwei-ne-kalt und eine Ganzkörperwaschung kostet immer wieder Überwindung.

Die Verweildauer im Wasser wird naturgemäß kurz sein. Daher empfiehlt es sich, das Einseif-szenario noch auf dem Trockenen durchzuführen. Das Bergheferl oder einen Topf zum Nassma-chen benutzen und ggf. auch schon zum Seife abspülen benutzen.

Beim Haare waschen mit der Dosierung des Abspülwassers Vorsicht walten lassen: kleine Portionen nehmen, ansonsten droht heftiges Kopfweh durch das kalte Wasser.

Zum krönenden Abschluss, wenn man denn so schön vorgenässt ist, beherzt in die „Wanne" stiefeln und langsam untertauchen. Heftiges, stoßweises Atmen, unterstützt durch Begeiste-rungsschreie, motiviert dazu, den Tauchvorgang auch wirklich abzuschließen.

Du wirst feststellen, dass es einfach herrlich ist, wenn man einmal drin ist. Wenn Du genug hast, raus, abtrocknen und die vorher bereit gelegten Anziehsachen überstreifen.

Ergebnis: Man fühlt sich total erfrischt und — sobald man wieder in den Kleidern steckt — wohlig warm.

WICHTIG: Auch beim Baden immer Trekkingsandalen anziehen. Man verliert in dem kalten Wasser sehr schnell das Gefühl in den Füßen, was die Verletzungsgefahr in den steinigen Flussbetten begünstigt.

Tipp: Pinkeln und das Andere

Was Männer zwischendurch erledigen, ohne den Rucksack abzusetzen, bedeutet für Frauen doch etwas mehr körperlichen Einsatz und zugleich eine zusätzliche Mückenfalle (s.u.).

Der andere Ausscheidungsvorgang von i.d.R. nicht-flüssiger Materie ist vornehmlich gekennzeichnet durch die permanente Abwesenheit gediegener weißer, ergonomisch geformter Keramik. Das führt dazu, über verschiedene Techniken nachzudenken, um zum Einen lehmartigen Fallout vom Innenraum der Hose fernzuhalten und zum Anderen Muskelkrämpfe in den Oberschenkeln zu vermeiden:

1) Die gemeine Hocke. Sie ist grundsätzlich überall anzuwenden, jedoch sollte man die Bodenbeschaffenheit im Auge behalten. Befindet man sich z.B. mitten im Geröllfeld, könnte die Standsicherheit gefährdet sein; zu hoch gewachsener Pflanzenbewuchs — etwa im Weidengürtel — könnte sich ebenfalls unangenehm auswirken.

2) Anlehnen an Felsen. Je nach Dauer ist das die Methode, die kräftige Oberschenkel verlangt. Die Oberschenkel sind waagerecht, man drückt sich mit dem Rücken an einen Felsen und lässt der Natur seinen Lauf. Die Hose nicht zu tief runterlassen — siehe oben Stichwort „Fallout".

3) Sitzen auf Stein. Mit etwas Glück findet sich ein flacher Felsen, auf dessen Kante man sich setzen kann.

4) Donnerbalken. In Waldgebieten bietet sich dazu idealerweise ein umgestürzter Baum an. Schade, dass man bei solchen günstigen Gelegenheiten nicht auf Vorrat....

Verwende Dein Papier sparsam und verteile es nicht großräumig in der Landschaft. Schön wäre es, wenn Du abschließend Deine Hinterlassenschaft mit einem Stein oder Erde abdeckst oder gar vermischt. Steine liegen ja überall genug herum. Folgewanderer und die ansässigen Mikroorganismen werden es Dir danken.

Hinweis:

Alle Techniken verlangen eine Entblößung der entsprechenden Körperregion → siehe hierzu auch: **Tipp: Mücken beim Stuhlgang.**

Nachdem es im Sarek nur wenige Brücken gibt, ist es sehr wahrscheinlich, dass man in die Situation gerät, einen Wasserlauf auf andere Art überqueren – oder besser: *durch*queren – zu müssen. Aber auch in anderen Wanderregionen soll es gerüchteweise brückenlose Wasserläufe geben, für die das Nachstehende ebenso gilt.

Tipp: Waten

Hat man Glück und der Wasserstand ist niedrig und/oder der Wasserlauf ist schmal, kann der Weitermarsch ohne die erzwungene Unterbrechung durch Schuhwechsel im Idealfall steinhopsenderweise angegangen werden. Andernfalls ist waten (oder furten) angesagt.

Grundsätzlich gilt:
* niemals barfuß waten. Die Verletzungsgefahr durch gefühllose Füße wegen der Kälte und durch die von der Strömung mitgerissenen Steine ist zu groß. Alte Turnschuhe, Trekkingsandalen, Surfschuhe o.Ä. sind dazu gut geeignet;
* spätestens ab halber Wade Wassertiefe einen Wanderstock als drittes Bein benutzen – besser: zwei Wanderstöcke bzw. Trekkingstöcke (diese auf volle Länge ausziehen);
* bei zu großer Wassertiefe (max. bis zum Po) besser flachere Furt suchen, sonst ist der Wasserdruck zu hoch;
* Wasserstandsänderungen im Tagesablauf beachten; morgens ist der Pegel i.d.R. niedriger als am späteren Tag;
* wenn größere Felsen im Weg liegen, besser mit dem Spielbein festen Stand zwischen den großen Steinen suchen, als darauf (Rutschgefahr)
* Brust- und Hüftgurt des Rucksacks öffnen, um schnell aus den Gurten zu kommen – bei einem Sturz in knietiefes Wasser wird es schwierig, sich mit einem hohen Rucksackgewicht schnell genug wieder aufzurichten.

Technik

Schräg zur Strömung waten mit der Brust gegen die Strömung. Mit 2 Stöcken hat man immer 3 Fixpunkte (2 Füße, 1 Stock), die auch in starker Strömung einen stabilen Stand geben. Benutzt man nur einen (Wander)Stock, befindet man sich beim Vorwärtsgehen immer in einer wackligen Situation. Der zweite Stock - stromaufwärts gerichtet - sondiert den Grund, wird aufgesetzt und belastet, wenn der stromabwärts gerichtete Stock umgesetzt wird bzw. wenn der nächste Schritt getan wird.

**Im Zweifelsfall lieber umkehren oder die Route umplanen,
als ein unnötiges Risiko eingehen.**

Ein offenes Lagerfeuer ist eine hochromantische Angelegenheit und liefert besonders in Zusammenhang mit einem Outdoor-Aufenthalt Gefühle von Freiheit und Abenteuer. Dazu tragen der heimelnde Lichterschein ebenso bei wie der beißende Rauch in den Augen.

Damit es ein positives Erlebnis für einen selbst und kein einschneidendes für die Umwelt wird, sollten gewisse grundsätzliche Dinge beachtet werden.

Tipp: Feuer

Offenes Feuer wird im Nationalpark grundsätzlich nicht gern gesehen. Zum einen wegen der Brandgefahr — zumindest im Wald — , zum anderen wegen der Verschandelung der Landschaft. Bevor eine Feuerstelle wieder überwachsen sein wird, vergehen viele Jahre.

Offenes Feuer zum Kochen sollte vermieden werden — dafür hat man ja seinen Kocher dabei.

In <u>Waldgebieten</u>, entlang der markierten Pfade, gibt es aufgrund der Bodenbeschaffenheit wenig Möglichkeiten, sein Zelt aufzuschlagen. Wenn es einen geeigneten Platz gibt, wird er häufig von Wanderern frequentiert. Hier findet man in der Regel eine Feuerstelle vor, die man auch benutzen kann.

Im <u>Fjäll</u> erübrigt sich das Thema Feuer schon fast, da es dort nur wenig Brennmaterial gibt. Oberhalb der Baumgrenze muss man schon lange sammeln (tote Weiden- oder Wacholderäste), um ein Feuer überhaupt zu entfachen und hernach unterhalten zu können.

In der <u>Übergangszone</u> zwischen Wald und Fjäll herrscht häufig dicht bewachsener Boden mit Moosen und niedrigen Sträuchern vor. Will man hier ein Feuer entzünden und keine Spuren hinterlassen, empfiehlt es sich, mit dem Messer drei Seiten eines entsprechend großen Rechtecks für die Feuerstelle möglichst tief abzustechen und wie einen Teppich aufzuklappen. So kann man auf dem Erdreich zündeln, ohne den Bewuchs zu zerstören. Wenn man den Lagerplatz verlässt und alles gut gelöscht hat, einfach den aufgeklappten Pflanzenteppich wieder zurückrollen.

Als Brennmaterial nur nehmen, was auf dem Boden liegt. Keine Zweige oder Äste von lebenden Bäumen nehmen!

Der beste Firestarter ist hauchdünn abgezogene Birkenrinde — idealerweise von Totholz, weil lebende Bäume nicht beschädigt werden dürfen. Eine Handvoll davon als Feuernest, darauf dünnes Reisig und dickeres Reisig bis zu kleineren Ästen. Dann anzünden. Die Birkenrinde brennt schnell weg, so dass von Anfang an genug anderes brennbares Zeug vorhanden sein muss. Anschließend dafür sorgen, dass das Feuer immer genug Nahrung hat.

Salami am Spieß - göttergleich

Zwei im Sarek

Um die blutrünstigste Kreatur des Hohen Nordens ranken sich die abenteuerlichsten Geschichten und Schauermärchen: es ist die **Mücke.**

Im Hochsommer erlebt die Teufelsbrut ihre Hochzeit und in dieser Periode muss der Terminus „himmlische Heerscharen" neu definiert werden. In dieser warmen Zeit sind die Sauger natürlich zahlreich, allerdings sind sie weit davon entfernt, ganz Lappland wie eine schwarze, wabernde Masse zu bedecken.

Trotzdem sind sie lästig und mitunter dermaßen nervig, dass man gelegentlich geneigt ist, die Brocken einfach hinzuschmeißen. Für einige in diese Kategorie fallende Situationen mögen die folgenden Tipps genügen. Der beste Tipp, um den Mücken zu entgehen, sei hier separat aufgeführt: die Reise einfach später antreten, etwa ab Mitte August, wenn im Fjäll der erste Frost zugeschlagen hat. Der dezimiert das Mückenvolk erheblich und der Rest ist längst nicht mehr so agil wie im Sommer.

> *Als es Abend wurde, kurz bevor die Sonne unterging, geriet ich in eine gewaltig große Menge von Mücken, es war zum Verwundern. Es schien, als erfüllten sie alle Luft, besonders über feuchten Wiesen, fuhren einem in Mund, Augen und Nase, denn sie wichen nicht von ihren Wege ab. Sie waren zwar nicht bösartig, da sie nicht stachen, aber ihrer waren so viele, dass man nicht atmen konnte. Ich langte in die Luft und kriegte Myriaden mit meiner Hand zu fassen, sie kamen alle um, waren aber so klein, dass ich sie nicht beschreiben konnte. Man nennt sie hier knort.*
> *[Linné, S. 97]*

Darüber hinaus gilt: dort, wo etwas Wind geht, hat man in der Regel Ruhe vor den Viechern.

Tipp: Mückenabwehrmittelchen

Nichts hilft wirklich auf Dauer – traurig, aber wahr. Besonders, wenn man stark schwitzt. Mitteleuropäische Produkte - habe ich den Eindruck – setzen die Viecher nur auf Droge und putschen sie richtig auf.

Das Beste ist, lokal erhältliche Mittel zu verwenden. Nordic Summer, eine Paste, die „brandig, rauchig" daherkam – und von irgendjemanden als gesundheitsschädlich eingestuft worden ist, gibt es leider nicht mehr. Aktuell ist MYGGA auf aller Haut: gibt's als Spray und als Stick. Hält die Drecksviecher zumindest eine kleine Weile auf Abstand. Kann man auch online beschaffen.

Tipp: Mückendichte Socken

Falls Du welche findest: **mückendichte Socken** besorgen. Diese am Etappenende anziehen, wenn die schützenden Wanderschuhe von den Füßen gerissen werden. Das erspart eine Vielzahl von Stichen.

Alternativ kann man sich mückendichte Fußbehältnisse aus ggf. mitgeführten Produkten der Gefrierbeutelfraktion basteln: Füße rein, Hosenbeine schließen – fertig. Einziger Nachteil: durch den hermetischen Abschluss „gärt" es ziemlich in den Tüten. Deshalb Vorsicht beim Ausziehen: nicht zu nah am Feuer und weit weg von der eigenen Nase!

Zwei im Sarek

Tipp: Ruhe bewahren beim Mückenangriff

Hektisches Gefuchtel, auch wenn man mitten in einer Wolke fliegender Aggressoren steckt, bringt überhaupt nichts. Eine gewisse Anzahl Stiche sahnt man sowieso immer ab. Besser ist, man konzentriert sich auf den Kopf- und Nackenbereich als besonders verteidigungswürdiger Zone.

Tipp: Weitergehen trotz Mückenwolke

„Wer bremst, verliert!" Dieser Spruch könnte von den Mücken stammen. Natürlich schwirren immer einige um den Wanderer herum, doch die Wolkenbildung mit dem Wanderer als Zentrum setzt erst ein, wenn man stehenbleibt. Dann aber unmittelbar.

Tipp: Mücken im Zelt

Beim Zeltaufbau unvermeidlich: Mücken gelangen ins Innenzelt. Wenn alle Plörren drin sind, muss das Innenzelt dekontaminiert werden. Zunächst alle sichtbaren Rüsselträger am Zelthimmel eliminieren. Das heißt, wie auch immer dauerhaft platt machen: im Flug fangen und die Faust ballen, um den surrenden Stecher zu zerquetschen; von der Zeltwand aufscheuchen und mit in-die-Hände-klatschen auslöschen oder Einzelsubjekt anvisieren und gezielt zwischen Daumen und Zeigefinger festsetzen und genüsslich zerreiben. Den schwarzen Schmier der Mückenleichen irgendwo abwischen - nur keine Hemmungen, es kommen eh noch Hunderte dazu.

Anschließend alle Gegenstände im Innenzelt aufschütteln, um versteckte Blutsauger aufzuscheuchen. Mit diesen ebenfalls wie oben beschrieben verfahren. Nach Toilettengängen oder sonstigen Aktivitäten, zu denen das Mückengitter am Zelteingang geöffnet werden musste, erneut mit der Dekontaminierung beginnen.

Tipp: Mückennetz (für den Kopf)

Durchaus sinnvoll in Wald- oder Sumpfgebieten. Ist aber Geschmackssache. Mancher wird sich eventuell in seiner visuellen Wahrnehmung beeinträchtigt fühlen und kommt dadurch ggf. ins Stolpern. Muss man halt ausprobieren.

Sub-Tipp: Wenn man etwas trinken will, braucht man das Netz nicht hochzuklappen. Man kann direkt durchs Netz trinken. Eventuell festgesetzte Wassertröpfchen in Mundhöhe kann man einfach fortpusten. Nur spontanes Ausspucken halbfester Stoffe sollte man vermeiden.

Tipp: Mücken und Stuhlgang

Bevor man der ewig lauernden Brut seinen blanken Hintern als Zielscheibe präsentiert, sollte man diesen und angrenzende Bereiche, die zwangsläufig ebenfalls frei zugänglich werden, vorsorglich mit einem Mückenmittel tränken: entweder noch im Zelt oder zügig draußen, sobald die Hose unten ist.

Es versteht sich von selbst, dass die Zeitspanne für das anschließende Geschäft auf ein Minimum reduziert werden sollte.

Tipp: Mücken und Stillhalten

Neuere Erkenntnisse sagen: Hat die Mücke einmal zugestochen und saugt munter an Deinem Blut — verjage oder plätte sie nicht, sondern warte bis sie fertig ist.

Grund: die Mücke spritzt durch ihren Rüssel Proteine in die Haut, die die Blutgerinnung verhindern. So wird der Mückenrüssel beim Saugen nicht verstopft. Die Proteine lösen eine allergische Reaktion aus und verursachen die Ausschüttung von sog. Histamin, das an der Abwehr körperfremder Stoffe beteiligt ist und u.a. den Juckreiz verursacht. Das Gemisch aus Blut und Proteinen wird beim Saugen wieder aus dem menschlichen Körper entfernt. Dazu muss man der Mücke allerdings Zeit lassen, ihr Geschäft zu beenden.

Verjagt oder erschlägt man sie vorzeitig, verbleiben Teile der Proteine im Körper und lösen die beschriebenen Reaktionen aus.

Tipp: Was der Same empfiehlt...

Und was macht der gemeine Same gegen die Mücken? Na, nix!
Der Tipp von dieser Seite lautet: „Der Schmerz entsteht im Kopf."

Es ist also alles nur Einbildung. Welch ein Glück!

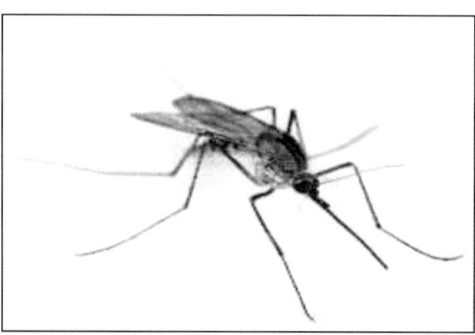

Zwei im Sarek

Wanderungen in der Wildnis haben eins gemeinsam: es gibt keine Wegweiser zur nächsten Burgerbude oder sonstwo hin. Das ist auch im Sarek so.

> **Tipp: Navigation**
>
> Karte und Kompass reichen vollkommen aus. Von den schwedischen Karten weiß ich, dass sie so gut sind, dass man allein damit zurecht kommt. Bei meinen Wanderungen habe ich bisher einmal wirklich meinen Kompass einsetzen müssen, als ich vom Nebel überrascht worden bin.
>
> Trotzdem solltest Du vor Antritt der Reise die Handhabung des Kompasses geübt haben.
>
> GPS ist nett, man braucht es aber nicht wirklich und es raubt Dir das Gefühl, in der freien Natur auch allein klar zu kommen.

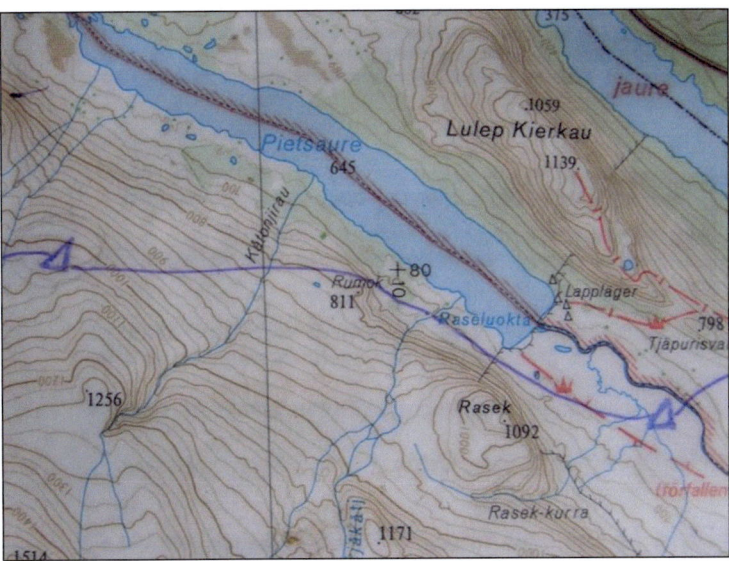

Kartenbeispiel Nya Fjällkartan

Wer eine solche Reise tut, braucht den einen oder anderen Ausrüstungsgegenstand. Geeignetes Schuhwerk und ebensolcher Rucksack sind ein Muss. Dasselbe gilt für Zelt und Schlafsack, wenn man außerhalb der Hütten nächtigen will.

Darüber hinaus sind neben funktioneller Kleidung noch viele Kleinigkeiten zu berücksichtigen, die in vielen Situationen nützlich bis unverzichtbar sind. Ich will an dieser Stelle keine Liste anführen. Darüber kann man sich bei der Vorbereitung auf die Reise bis zum Erbrechen im Netz tummeln. Meine persönliche Ausrüstungsliste habe ich auf meiner Seite www.longdistancetrekker.jimdo.com abgelegt.

Tipp: Ausrüstung

Konkrete Tipps zu einzelnen Ausrüstungsgegenständen wird es an dieser Stelle nicht geben. Dazu ist das Angebot und die Zahl der Outdoor-Läden zu groß und die persönlichen Vorlieben zu zahlreich.

Die einzige Empfehlung, die ich hier geben möchte, ist Folgende: Nicht sparen an Schuhen, Zelt und Rucksack. Alles andere ist zweitrangig und muss auch keine in-Marke sein, insbesondere Bekleidung. Hier tun es z.B. auch gebrauchte Bundeswehrhosen aus dem Army Shop. So kann man seine Ausrüstung nach und nach auch über mehrere Jahre vervollkommnen.

Denke daran, dass Du weitab von zivilisatorischen Einrichtungen sein wirst. In den Städten wird es gelegentlich noch möglich sein, mit Plastik zu bezahlen – und als Ausnahme noch in den Fjällstationen mit Straßenanbindung (auch Saltoluokta). Spätestens danach ist es damit aus und vorbei und es heißt: nur Bares ist Wahres. Die Überlandbusse bieten zwar grundsätzlich Kartenzahlung an, allerdings kann das Gerät schon mal defekt sein. Alles schon erlebt.

Tipp: Bargeld

In den Fjällhütten und den Samensiedlungen sowieso kann man Proviant und ggf. Kunsthandwerk nur gegen Bargeld erstehen. Das gilt auch – was noch wichtiger ist – wenn man Boottransfers über Seen in Anspruch nehmen möchte, die der STF als Ruderstrecke ausgerufen hat. Oder wo es nur so weitergeht, etwa im Rapadelta. Dort bringt Lennart, der Teure, Wanderer vom Rand des Sarek Nationalparks nach Aktse oder umgekehrt.

Daran scheiden sich die Geister: wie ist das Zelt einzupacken? Fein säuberlich gefaltet oder chaotisch? Ich halte Letzteres für sinnvoller und verfahre damit wie mit dem Schlafsack.

Tipp: Zelt einpacken

Für ein gutes Zelt, auf das man sich in Regenzeiten verlassen können muss, hat man i.d.R. eine Menge Kohle auf den Tisch geblättert. Da scheut sich vielleicht der Eine oder Andere, das gute Stück beim Einpacken scheinbar „lieblos" zu behandeln. Doch tatsächlich ist Stopfen besser als Falten; d.h. Packsack mit der einen Hand aufhalten und mit der Anderen das Zelt irgendwie hineinstopfen – gnadenlos. Auch im nassen Zustand.

Es geht zum Einen schneller, zum Anderen ist es sinnvoller für die Lebensdauer des Zeltes. Denn Falten erzeugt nur Knicke und damit Sollschwachstellen für eindringendes Regenwasser.

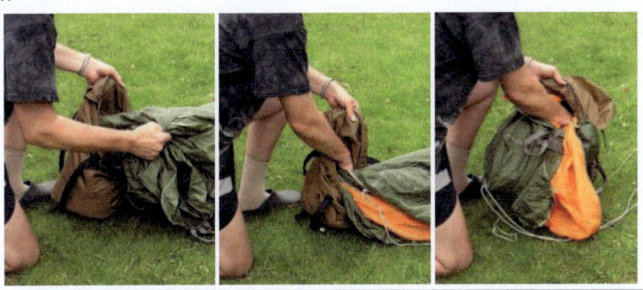

Das Ausmaß des Kleidungsfundus wird sich aus gewichts- und volumentechnischen Gründen in engen Grenzen halten. Das heißt: eine Garnitur befindet sich am Körper, die **eine** andere als Ersatz im Rucksack, falls man tatsächlich mal kladdernass geworden ist und die Temperaturen niedrig sind.

Tipp: Ersatzkleidung

Ersatzkleidung wasserdicht in Plastiktüten verpacken. So bleibt eine Garnitur selbst bei strömendem Regen und undichter Rucksackhülle (wenn man überhaupt eine dabei hat) oder gar bei einem Sturz in tieferes Wasser trocken.

Beim Verpacken in die Plastiktüten kurz vor dem Verschließen die Luft heraussaugen – verringert das Packvolumen und verhindert ungeplantes Platzen der Tüten beim Zusammenpressen.

Wer warm essen oder trinken will, braucht einen Kocher und entsprechende Gefäße. Das in Skandinavien am weitesten verbreitete Gerät ist der Trangia-Sturmkocher, betrieben mit Spiritus. Alternativ sind Gas- oder Benzinkocher im Angebot. Brennspiritus (T-Röd Bränsle) kann man in der Regel auch in den Proviantshops der Hüttenstationen erwerben, bei Gaskartuschen kann es schon eng werden und Benzin geht meines Wissens gar nicht.

Tipp: Spiritus transportieren

Wer einen Spirituskocher sein Eigen nennt, muss auch den zugehörigen Brennstoff transportieren. Meiner Meinung nach eignen sich SIGG-Flaschen dazu bestens: die sind stabil, leicht, platzsparend und sicher. Darüber hinaus hat die Flasche mit dem klassischen Drehverschluss den Vorteil, dass man den Verschluss nicht komplett herausdrehen muss. Auf halbem Wege befinden sich im Verschluss zwei kleine gegenüberliegende Löcher, die ein portioniertes Ausgießen erlauben. In der neueren Version sind es Längsrillen statt der Löcher. Die schlichte Alu-Variante gibt es in verschiedenen Größen (0,3 bis 1,5 Liter).

Das oben genannte Kochermodell hat zudem den Vorteil, in kompakter Form 2 Töpfe, 1 Kessel und eine Pfanne nebst Brenner bereit zu stellen. Es empfiehlt sich, für wenige Euros einen zweiten Brenner zu kaufen (einfach als Ersatz oder zur unterbrechungsfreien Verlängerung der Kochdauer → keinen Brennstoff in den heißen Brenner nachfüllen!) Die Zubereitung der meisten dehydrierten Menüs verlangt die Vermischung pulverisierter Nahrung mit Wasser. Die beste Methode zu einem klumpenfreien Ergebnis zu kommen, ist die Verwendung eines Schneebesens.

Tipp: Küchenutensilien – Schneebesen

Ein **Mini-Schneebesen** (ca. 1 – 2 EUR) ist ein mit Gold nicht aufzuwiegendes Werkzeug bei der Herstellung kulinarischer Köstlichkeiten aus dehydrierten Nahrungsmittelkomponenten, die idealerweise klumpenfrei mit Wasser vermengt werden sollen. Das Ding ist klein, wiegt nicht viel und stiftet dabei unglaublichen Nutzen.

Bleibt noch die Frage, wie die Spuren der Völlerei am besten zu beseitigen sind. Es gibt angenehmere Arbeiten als das Reinigen der Töpfe nach einem opulenten Mahl. Da das Küchenequipment in der Regel dürftig ausfällt, wird es vermutlich häufiger zu angebrannten Spuren (z.B. Bratfett) oder einfach angetrockneten Resten kommen.

> (...) aber die Art, wie man den Löffel gewaschen, verschlug mir den Appetit, denn der Hausvater nahm Wasser in den Mund und spritzte es darauf, scheuerte und trocknete mit dem Finger, ebenso tat es die Frau mit dem Topf, wobei sie nach jedem Wischer den Finger ableckte.
>
> [Linné, S. 124]

Tipp: Töpfe spülen

Trotz alledem braucht man eines nicht mitzuschleppen: Spülmittel. Ist eh nicht gut fürs Wasser und bringt auch nicht viel. Besser, man bedient sich der Natur und reibt das Spülgut mit Moos und Erde oder Sand ab. Das funzt ganz ungemein.

Spülmaschine mit Öko-Spülgang

Register

A